歴史主義とマルクス主義

歴史と神・人・自然

斎藤多喜夫

明石書店

はじめに

一九世紀を通じて、徐々に人々の思考のなかに浸透してきた歴史主義的な考え方によれば、絶対的真理とか、永遠不変の価値とかは、実は時代の宗教的・政治的・社会的諸条件に制約された一回かぎりの現象にすぎない、ということになる。歴史主義は、絶対的真理の存在を否定し、あらゆる知を時代状況の反映であるとか、あるいは心理学主義的な考え方と結びついて、経済的利害の心理的反映であるとかみなす。せいぜい知は、人生目的に役立つ有用性をもつ、というかぎりで有意義であるとされる。またそれは永遠不変の価値の存在を否定して道徳の相対化をもたらし、人々を行動不能に陥れる。歴史主義は懐疑主義とニヒリズムへの道を準備するのである。

歴史主義のもつ破壊的な作用が気付かれはじめたのは、ちょうど世紀の変わり目の頃、とりわけ第一次世界大戦後のドイツにおいてであった。歴史主義の問題が重大であると考えられたのは、それが形而上学や神学、自然法の理念におよぶきわめて重要な思想・原理・信仰の遺産全体、つまりヨーロッパ文明そのものを否定し破壊するものであった、ということが判明したからである。

それはまず、ヨーロッパの文明がその基礎の上に築かれてきたキリスト教の伝統と抵触した。歴史主義はキリスト教の起源や教義の認識に文献批判や諸事実の相互連関による意味了解という方法を適用することを通じて、神学の分野に浸透しはじめた。そのような認識態度を「近代主義」の名のもとに取り上げて批判したのは、まずカトリック教会であった。ついで神学における歴史主義的傾向をめぐる論争は、ドイツの正統新教（ルター派）の神学部で闘わされ、やがてそれは一般信者の間に波及して、教会の存立そのものを脅かすまでに至った。その騒ぎたるやプロイセン王としてルター派教会の監督であり首長でもあったヴィルヘルム二世に調停の必要性を感じさせたほどであった。ルター派教会は、神学のうちから歴史主義的な思考態度を厳しく排除するカール・バルトやエミール・ブルンナーの「危機神学」によってようやくこの危機を乗り切ることができたが、歴史主義の諸問題は、神学教授であるとともに教会史の教授でもあったエルンスト・トレルチによって真摯に取り上げられ、神学の分野から全ヨーロッパ文明の、また全近代文明の問題の次元に移された。

トレルチによれば、近代文明の根本的な特徴を示すものは自然主義と歴史主義である。それは《歴史の世紀》と呼ばれる一九世紀を通じて、人々の思考のあらゆる分野に浸透した。しかし人間の精神や生活のすべてを世俗的世界の歴史に封じ込める、という意味での世俗一元論、あるいはトレルチのいわゆる《無制限の歴史主義》、《逸脱した歴史主義》は、ヨーロッパの文明がその上に成立してきた文化要素の全体、すなわち形而上学・神学・自然法の理念などの伝統を根こそぎ破壊することになるであろう。それに対してトレルチが目指すのは、キリスト教の伝統と歴史学との間の和解であった。

歴史主義は古代ギリシャ以来の形而上学の伝統の破壊者でもある。古代ギリシャの存在論は移ろいやすい人々の生活を主題とする歴史とは無縁なものであり、恒存するもの、存在そのもの、そのようなものとしての真理の認識を目指すものであった。ヘーゲルといえどもこの伝統の上に立っているのであって、彼にとっては真理を認識するものとしての一つの哲学だけが存在しうるのであり、彼の考える哲学史とは、歴史のなかで、唯一の哲学のさまざまな要素や契機が展開されつつ、始源において存在し、同時に過程においても生きて存在している全体性、それを住まわせるものとしての唯一の哲学へと立ち帰っていく、いわば「創造的還帰」、あるいは「還帰的再構成」と呼びうるような精神の働きを叙述するものであった。ところが、シュヴェーグラーが『西洋哲学史』を書いた時、哲学はほとんど歴史現象の一つに解消されてしまった。こうして歴史主義は哲学の分野へも浸透を開始し、ギリシャ以来のヨーロッパ形而上学の伝統を破滅の危機に陥れた。それが、存在論の再検討を通じて、形而上学の伝統の復興と、それと歴史との和解を目指す実存哲学の前提の一つとなった。

自然法理念の破壊者としての歴史主義に注目したのはドイツの自由主義的・国民主義的歴史叙述のすぐれた代表者であるフリードリッヒ・マイネッケであった。マイネッケの定義する歴史主義とは、人間的な事柄やその発展が多様な個体性をもつという近代的な感じ方であり、それこそが民族国家に関するドイツ的理念を育て上げ、またビスマルクの政治的現実主義を支えたものであった。彼によれば、自然法の理念、ストア派によって公式化され、カトリック教会の教理のうちに取り入れられて伝承され、ルター派を除くプロテスタント諸派によって熱狂的に受け入れられたもの、そして一七世紀には世俗化された自然法理論として近代の政治学の基礎となり、フランス革命によってそれが全人類の秩序の原理であると宣言されたもの、それは実際には抽象的で空虚な、また偽善的な観念にすぎなかった。だから、マイネッケによればドイツ歴史主義は西洋文明の根本前提の一つに挑戦するものであり、宗教改革に続くドイツ精神の第二の偉大な冒険だ、ということになる。

しかし、民族はその生のなかにいかなる普遍的な法にも優先する独自の、しかも最高・絶対の規範・価値をもつ、とする民族についてのロマン主義的・歴史主義的な考え方と、自然法理念を否定して歯止めを失った無制限の政治的現実主義が一体となり、ドイツのナチズムやイタリアのファシズムにおいて、余りにも極端で野蛮な結論を導き出してみせたので、歴史主義についてのマイネッケの評価はむしろ逆転されねばならない、と考えたくなるのが当然であろう。自然法理念の伝統の上に立って、その破壊者としての歴史主義の批判を目指したのは、イタリアの哲学者・歴史家たちであった。ドイツ人やイギリス人たちがそれに対して反発したもの、すなわちフランス啓蒙主義によって飾り立てられたルイ一四世風の絶対王政や、それを承《う》け継いで「封建社会」と闘った「現代の君主」＝ジャコバン党風の数学的に単純化された理性や自然法理論に対して、歴史と自然法の理念との和解を目指すこと、それがファシスタ党と闘ったベネデット・クローチェや、その友人で弟子のカルロ・アントーニ、またダントレーヴなどの課題となった[1]。

ドイツを除けば、歴史主義という言葉が浮沈を重ねながらも最後に定着したヨーロッパただ一つの国はわれわれの国、イタリアであった、とアントーニは述べている。おそらく他の国民にとっては、歴史主義とファシズムやコミュニズムとの間にあるのっぴきならない内面的な結びつきが理解できなかったのであろう。この結びつきを明らかにしたのは、カール・ポッパーの著作『歴史主義の貧困』であった[2]。

歴史主義は、その起源においては、歴史についての非体系的アプローチ、きわめて消極的な思想であった。ところが、第一次大戦後、とくに一九二〇〜三〇年代のドイツで、積極的な社会理論としての歴史主義が登場する。ポッパーが批判の対象とする《歴史主義》とは、歴史的な予測を主要な目的とする社会理論のことである。そのような《歴史主義》においては、社会をまるごと認識しうるとする「全体論（ホーリズム）」が前提とされており、さらに全体論が能動主義と結びつくことによって、歴史の予測がユートピア主義と結びつく。こうしてユートピアが歴史の目標となり、しかもその実現の過程が原理的に認識可能なものとみなされることによって、「歴史的必然」という観念が強力に鼓吹される。それが「歴史的命運という峻厳な法則」を信ずるファシストやコミュニストが登場する思想的な舞台装置となった。そこでは自然科学で仮説の真実性を検証するものとされる実験が、ユートピアの真理性を確証するものとしての「社会実験」となる。過去の歴史が私たちに教えているように、その帰結は独裁と暴力にほかならない。かくしてポッパーはその著作を「歴史的命運という峻厳な法則を信じたファシストやコミュニストの犠牲となった、あらゆる信条、国籍、民族に属する無数の男女への追憶」に捧げたのであった。

ファシズムとコミュニズムは確かに相互に敵対的な思想である。前者が歴史の主体を民族に求めるのに対して、後者は階級に求める。前者があからさまにナショナリズムを鼓吹するのに対して、後者は表向きインターナショナリズムを標榜する。しかし、ポッパーが指摘しているように、どちらも積極的歴史主義として、同一の論理構造をもっていることも否定できない。それだけではない。イデオロギーの覆いを取り去ってみれば、その経済政策は第一次世界大戦時のドイツの戦時統制経済にルーツをもつ双子の兄弟である。ボルシェヴィキ政権による赤軍への補給の体制としての戦時共産主義がドイツの戦時統制経済にヒントを得ていたことも、イタリアのファシスタ党が戦時共産主義にヒントを得ていたことも知られている。抑圧的な独裁主義という政治形態でも、大量殺戮をものともしない残虐性でも、両者は酷似している。ヒットラーとスターリンの顔を横並びにすることにはなんの違和感もない。

アントーニは言っている。「歴史主義は、事象や思想の動きのなかに深い歴史の合理を、つまり合理的で必然的な発展を把握しようとつとめる。けれどもそれは、博愛的な啓蒙主義や人道主義一般と戦うことによって、よりむきだしの政治的現実主義や権力政治の弁護人となるように、自然法思想、つまりどんな孤立した人間もいかなる個人も、人間の本性、人間の尊厳に由来する不滅の権利をもつという観念と戦うことによって、巨大な歴史の力を個人の上に据え、個人を引きさらい、押しつぶす権利を歴史に与え、個人を強制して歴史の発展のなかに呑みこませ、歴史とは厳しい必然であると承知することによって良心を沈黙させ、上位の諸原理に訴える権利を個人に認めず、したがって人間個人の権利や価値を否定することによって暴力、圧制、殺戮を正当化する。一八世紀の旧き女神たる正義と人道《ウマニタ》に対しては、これを偽善のでたらめのといって告発し、そのうえ歴史の信仰を説教することによって、歴史主義は自由の信仰をも冒し損う怖れなしとしないのである[3]」。

歴史主義の反人道性については、正統的なドイツ歴史学の伝統、のちに私たちが用いることになるであろう言葉をもっていえば、一九世紀の消極的な歴史主義の伝統に属しながら、二〇世紀の積極的な歴史主義の一形態とみなされるべきナチズムに抵抗した中世史家ハイムペルもまた、次のように訴えている。

「ニーチェは歴史的な考察の過多に、あるいはトレルチがいうであろうように、歴史主義に苦しんだ。一九世紀は歴史学の積み過ぎであったが、二〇世紀は歴史の積み過ぎである。歴史の過剰は、人間すなわちこのただ一つの歴史的な動物（animal historicum）はまた超歴史的な動物（animal metahistoricum）でもあるということをわれわれに教えざるをえない。人間の尊厳は歴史のなかで確認されはするが、歴史に反してもまた保護されざるをえぬということを教えざるをえない。この意味でわれわれはフマニストであることを告白する。フマニスムスのなかにはいつも一片の反歴史主義（antihistorismus）がある」[4]。

歴史主義というテーマのもつふくらみは、さしあたり以上のようなものである。それが、古代から近代に至るヨーロッパ精神史という広がりのもとで検討されねばならなかったのはそのためであった。本書は今日の段階で可能な問題の整理を試みるものである。そのために私が行ったのは、いくつかの書物の抜粋と要約を並べることだけであって、本書はもとより細密画ではなく見取図、細部についてみれば不正確きわまりない見取図である。それでもあえてこうした叙述を試みたのは、「全体のみが真であり、すべての有限なものは非真実の一要素を具えている」というヘーゲルの言葉に励まされてのことであった。

●目次

歴史主義とマルクス主義——歴史と神・人・自然

第二篇　歴史主義の成立とその克服

第三篇　マルクスにおける《社会》と《自然》

第四篇 ソヴィエト・マルクス主義の歴史思考

第一篇

ヨーロッパ精神史における歴史思考の歴史

第一章　古代ギリシャにおける人間・自然・歴史

歴史主義の特徴を際立たせる方法の一つは、それと古代的思惟とを対比させることである。ニーチェが『反時代的考察』の第二論文「生に対する歴史の利害について」のなかで、歴史主義の弊害を先駆的に摘発した時に用いたのはそのような方法であった。彼は述べている。

「この考察もまた反時代的である。なぜなら、私はここで、現代が誇っていい当然のもの、その歴史的教養を、一応、時代の病弊欠陥と解する立場をとっているからである。われわれはすべて、史学という一種消耗的な熱病にかかっている。そしてわれわれは少なくとも、この病いにかかっているということを、看破すべきだと、私は信ずるものであるからだ。私が、時代の子としての自分を超えて、これほど反時代的な経験に行きついたのは、ひたすら私が古代の、とりわけギリシャ古代の教育を受けた弟子であることからきている[1]」。

ニーチェとその出発点を共有しながら、カール・レーヴィットはその観点をさらに徹底的に押し進め、古代ギリシャの宇宙論の崩壊から歴史主義の成立に至るまでの包括的な見取図を描いてみせる。近代の人間が国民の一員としてであれ、階級の一員としてであれ、いずれにせよ歴史に内属して生きているのに対して、古代ギリシャ人たちは、なによりもまず自然的世界（コスモス）のロゴスと秩序に従って生きていた、と彼はいう。コスモスにおける永遠のロゴスが歴史における超歴史的地平を提供し、歴史的事件を理解する基準を与えていたかぎり、彼らにあっては歴史の事柄についての経験が独立することはなかったし、ましてや歴史を絶対化するなどという考えが思い浮かぶはずもなかった。そのような古代の確信が崩壊してはじめて、歴史そのものに対する信仰、すなわち人間を歴史から、歴史を歴史そのものから理解するというようなことが可能になったのである、と。[2]

第一節　古代ギリシャにおける自然的人間概念

古代ギリシャ人たちの歴史についての見方を規定しているのは、その人間の概念である。人間についての彼らの考え方は、アリストテレスによる人間の二つの規定、すなわち「言語をもつ動物（zoon logon echon）」および「政治的動物（zoon politikon）」という二つの規定のうちに示されている。「言語をもつ」とは問いかけをもつことであり、問いを発するということは、人間がなにかしら自然を踏みはずした存在であって、自然的世界のなかで、自然的諸対象に対してある距離をとり、世界と自己から自己自身を疎外することを意味する。疎外という距離を保ちながら、人間は存在するすべてのものに近づき、見かけの上ですでに熟知しているものを不審なものとして習得する。そのような意味で、アリストテレスは驚異する直観のうちに哲学的なテオリア（観照・瞑想）の情熱的な源泉を見出す。植物のように大地に合生しているのでもなく、動物のように特別な環境に縛りつけられているのでもなく、それらに驚異を抱き、距離を措いて眺める、というのが人間の本性にとって固有なことであり、その点に人間の優越が存在する。しかし、人間が自然的世界のなかである疎隔の距離に置かれ、これを超え出るとしても、それは自己自身の内面や世界の外なる神へ向かってではなく、ほかならぬ自然的世界そのものへ向かってである。「人間は天と宇宙の秩序を観照し、探究するために存在する」というアナクサゴラスの卒直な言明がそのような古代ギリシャ人の確信を端的に表明している。しかもなお、人間が天と宇宙の秩序を観照し、探究するのは、それを支配しようとするためではなく、自然的世界のロゴスと秩序に従おうとする敬虔感情によってであり、それこそが人間の本性に適ったより良い生き方だからである。

以上がレーヴィットの解釈を通じてみた古代ギリシャ人の人間と自然についての考え方である。「政治的動物」という人間の規定も、ポリスの秩序がコスモスの秩序を規範として理解されていたかぎりでは、自然概念に制約された規定である。古代ギリシャにおいて、コスモスとポリスと個々の個人が同一の秩序原理に従うものとして意識されていたことを示す一つの例は、コスモスという言葉の用法のうちにみられる。当初、天空を飾りボタンのように星の散りばめられたドームとみなしたギリシャ人たちは、天空のことを、もともと飾りボタンを意味するコスモスという言葉で呼び慣わすようになった。だからこの言葉には、元来美しく秩序づけられたもの、という意味が込められており、したがって、それは庭園の巧妙な配置とか、法律や軍隊の組織とか、しつけのよい人間の内面的状態をも示すことができる。人間たることのためにも、自身の肉体を支配し、高低さまざまな衝動や努力を上下に配置して、ある内面的な秩序をしつらえることが必要であり、そのことをプラトンもアリストテレスもコスモス的といい表している。

古代ギリシャにおいて、宇宙とポリスと人間を締め括っているのが同一の秩序原理であると意識されていたことを示すもう一つの例は、それらに関する知識の論理的構成の同一性のうちにみられる。オットー・ブルンナーは、その著『ヨーロッパ――その歴史と精神』のなかの「『全き家』と旧ヨーロッパの『家政学』」において、宇宙やポリスや家や個人や、一見したところ内的関連をもたない雑多な領域の知識の複合物のようにみえる古代ギリシャの諸学に、内的統一を与えている同一の基礎的構成原理を尋ねて、それを《支配》の概念のうちに見出している。宇宙にはヌース（精神）が君臨しており、それは統一を形成する最高原理として、全体に生命を与える神的な存在、宇宙のコイラノス（支配者）である。また動物の肉体は、近代的な意味での、すなわち固有の内在的法則性をもつ有機体ではなく、霊魂に支配されてはじめて生命を与えられるような有機体であって、アリストテレスの『霊魂論』が『動物論』の前提であるのは、そのような意味においてである。同様に、ポリスにおいては統治者（為政者）が、家においては家父が、個人においては理性が、それらを支配することによって対象の統一性をつくりだす。これらがそれぞれポリスの学としてのポリティカ（政治学）、家の学としてのオノコノミア（家政学）、個別的人間の学としてのエティカ（倫理学）の対象であり、人間と共同体の全領域を包含する広義倫理学（実践哲学）の構成部分となる。自然学も倫理学も、等しくその基礎的構成原理を《支配》の概念におくことによって、人間を大宇宙の模写としての小宇宙とみなすことができたのである、と。[3]

ブルンナーは古代ギリシャの思想にとって本質的なものは倫理学であり、それが自然学や形而上学をも規定している、つまりその思考は人間の実践になぞらえて自然を「目的論的」に把握することによって成り立っている、と考えている。古代ギリシャの市民は貴族的な性格をもっており、その生活理想たる美徳によって自己や家やポリスを支配しようとする、そのような貴族的思考態度が自然学にも反映されているのだ、と考えるわけである。しかし、仮にそれがそのとおりだとしても、古代ギリシャ人自身がそのように意識していたということではない。むしろ彼らにとっては、人間世界の秩序に対するコスモスの自然的秩序の無条件の優位ということこそが一般に承認されていた前提であった。だから、宇宙を人間の実践になぞらえて理解するというような、いわば人間主義的な思考態度は、人間を「万物の尺度」であると考えたプロタゴラスのような少数の例外はあるにしても、一般には受け入れがたいものであった。

彼らによれば、人間世界はコスモスの自然的秩序を模範として秩序づけられるものであるが、それは大宇宙に対する小宇宙（ミクロコスモス）といったものでありうるわけではない。なぜなら、宇宙が永遠であるのに対して、人間は死すべきものであり、人間世界はおのずから存在するのではなくて、つねに新たに人間の労苦をもって工夫され、再建されねばならないもの、悪意と非理性と、そこから生ずる無秩序（カオス）のなかへ、しばらくのあいだ比較的恒常な秩序をもちこもうとする試みによってのみ、かろうじてそうであるようなものにすぎないからである。

恒常と無常とのこのような峻別と対比とはギリシャ的思考における際立った特色であり、人間についても、コスモスのなかでの自然的本性は、コスモスがそうであるのと同じように恒常不変だとされながら、その行為や出来事は無常なものだとみなされる。知識もそれに応じてはっきりと区別される二つの種類に分かれる。アリストテレスによると、一方は形而上学や論理学のように、存在論的恒常性や論理的必然性を備えた対象に関するエピステーメ（厳密な学問、必証的な認識）であり、他方はこれに対して、政治学や倫理学のように、変わりやすく偶然に左右されやすい実践生活における正義や美徳を問題とするものであって、それは実践的思慮、賢明な状況判断という意味でフロネシスと呼ばれる。[4]

第二節　古代ギリシャの宇宙論と自然神学

コスモスとポリスと人間を一つに結びつけて理解する古代ギリシャ人の思考の基礎にあるものは、ある宗教的な感情である。ギリシャ的思惟のもとでは、死すべきものとしての人間に対して、永続・不変・恒常の性格をもったものは神的なものと呼ばれる。イオニアの自然学におけるアルケーにせよ、ヘラクレイトスのロゴスや、パルメニデスの「存在するもの（オンタ）における存在（オン）」、アナクサゴラスのヌースやアリストテレスの「動かずして動かすもの」、そのほか何と呼ばれようと、それらは等しく宇宙に君臨して、これを支配する神的な秩序原理を意味している。ここでもプロタゴラスのような懐疑論者を別として、ギリシャの哲学においては、つねにこのような神的なものの存在が前提とされており、その思索は「神的なものの本性は何か」というテーマをめぐって展開される。レーヴィットが「宇宙論と自然神学との一致」と呼んでいるような古代ギリシャ哲学における宗教的・神学的な思考は、二つの異なる源泉に即して理解することが可能である。

レーヴィットの紹介するところによると、ローマのヴァロの『人間的ならびに神的な事物の古代の遺物』という書物には、三種の神学、すなわち神話的、政治的、および自然的神学が区別されている。神話的神学はヘシオドスやホメロスなど、ギリシャ詩人の神々の世界を、政治的神学は祭祀共同体としてのポリスの公認宗教を扱うものであり、それに対して自然的神学とは、神々の自然本性に関する哲学者たちの教説のことである。オリュンポス十二神信仰として知られる政治的神学は、神話的神学から直接に導き出されたものだが、自然的神学もまた、その源泉の一つを神話的神学のうちにもっている。

ギリシャ哲学の第一の宗教的源泉たるホメロスの神々の世界、すなわち神話的神学の世界は、さまざまな土着の諸信仰が文化的貴族階級の観点で洗練・美化されることによって生みだされたものであった。その洗練の仕方は、神々を不死で超人的な力をもつという点を除けば、全く人間と異ならないほどまでに人間化することであった。ホメロスのうちに宗教的感情と呼ぶべきものがあるとすれば、それはオリュンポスの神々に関するものであるよりは、ゼウス神でさえそれに従わねばならないモイラ、すなわち運命、あるいは必然といった意味での神的な存在に対するものであり、そこからコスモスのモイラ、今日流のいいかたをすれば自然法則への関心が喚《よ》び起こされる。

タレスに始まるイオニアの自然学はそのような精神的土壌のもとで生みだされた。だから、そこでは自然の探究と神々の本性の探究とは区別されない一つの課題であった。例えば、タレスの「万物の根源は水である」という言明と、「万物は神々に満ちている」という言明とは、存在する一切のものは水という共通の本源（アルケー）をもち、その本源は常に同一かつ永遠であるかぎりで神的である、ということを意味している。タレス以来のギリシャの哲学者たちにとっても、その思索の対象は、なによりもまず、おのずから存在するものの全体としての自然的世界（コスモス）であったが、それは永遠なものを原理としているが故に、それ自体が神的なものであり、コスモスについての教えたる宇宙論（コスモロギー）は、同時に神的な存在の真の自然本性に関する哲学説、すなわち自然神学でもあった。

万物のアルケー、自然的世界の根本原理についての教えは、アリストテレス以来、天体や生物など可視的な世界についての教説たる自然学（フィジカ）と区別されて、形而上学（メタフィジカ）と呼ばれるようになったが、それは決して超自然的世界についての教説ではなく、可視的世界における神的支配への洞見にほかならない。そうだとすると、ギリシャの哲学者とは、コスモスにおける神的支配への洞見から、新たに宗教を創造しようとする宗教改革者だったことになる。そのために、彼らのうちの幾人かは、宗教上の制度でもあったポリスの権威と対立せざるをえなかった。例えばアナクサゴラスは、太陽は赤熱の石であり、月は土であると述べたために、不敬のかどで告発され、アテナイから追放されたのであったし、ソクラテスは、ポリスの神々を崇拝せず、新しいほかの神々を導入することによって青年たちを堕落させた、という罪で死刑に処せられたのであった。

バートランド・ラッセルによれば、「ホメロスに現れる神々は、征服者たる貴族階級の神々であり、実際に土地を耕している階級の有益な繁殖神ではなかった」[5]。先住民族たるクレタ文明人や、ギリシャ人からバルバロイと呼ばれた周辺諸民族や民衆の間では、より暗黒で残酷な宗教が存在していた。それらホメロスの棄てて顧みなかったような諸信仰のなかからディオニュソスの祭儀が生みだされる。それは、エウリピデスが『バッカイ』のなかで描いているところによれば、深夜山上で催されるオルギア（秘密祭）に女の信者たちが集まり、ぶどう酒を乱飲し、野生動物をひきさいて血のしたたる生肉をむしゃぶり食い、「聖なる子鹿皮」（皮膚のこと）以外の衣をすべて脱ぎ捨てながら気絶するまで乱舞する、という原始的なものであったが、前七世紀頃、オルフェウスという伝説上の人物によって精神化され、肉体的陶酔は精神的陶酔に、オルギアは乱飲乱舞から魂の浄化のための精神的修養に置き換えられた。このオルフェウス教が、ギリシャ哲学のもう一つの宗教的源泉をなす。

オルフェウス教によれば、人間は肉体としては地上に属し、霊魂としては天上に属している。人間の真の生命は天上にあるが、実際には誕生と死の際限のない繰り返しのなかで、魂は移住（輪廻）を繰り返し、常に地上にゆわえられている。浄化と静観と禁欲的な生活によってのみ、天上的部分が増大していって、ついには輪廻を脱し、天界での神との合一を通じて「今一人のバッコス」となることができる、という。その場合、魂の浄化をもたらすものとされたのが、ディオニュソス神との一体化のための「情熱的で共観的な瞑想」たるテオリアであって、それが多くの哲学者たちの精神態度に範型を提供したのであった。

天と地、霊と肉の二元論、魂の不死といったオルフェウス教的な観念は、ピタゴラスとソクラテスを通して、とくにプラトンに大きな影響を与えた。プラトンのいうイデア界は明らかにオルフェウス教の天上界に、そして感覚界は地上界に対応する。けれども、天上界にせよイデア界にせよ、それらは決して超自然界ではなかった。例えば、アリストテレスによれば、月が天上と地上の分界であり、月より上の世界が恒常不変なのに対して、変化は「月下の世界」にのみ属すると考えられていた。

プラトンはまた、魂の不死説から次のような結論を導き出す。われわれは論理学的、あるいは数学的な知識のように、経験からは抽き出し得ない知識をもっている。というのも、魂は誕生以前から存在していたからであり、知識をもたらすのは前世での生活のテオリア、つまり回想にほかならない。このような永遠の魂にとってのテオリアの対象がイデアである。彼によれば、感覚を超えた永遠の世界についてわれわれが所有するものは知識であり、感覚に示される世界についてもつものは意見だが、前者が常に真であるのに対して、後者は常に偽である。個別的な美しい事物に関するものが意見だとすれば、知識は美そのものに関するものである。感覚しうる個別的対象は常に矛盾的性質をもつ。美しいものもある面では醜く、美しかったものもいつかは醜いものに変化する。したがって意見というものは必ず誤りを含んでいる、と。

知識と意見とのこのような峻別が、のちアリストテレスに受け継がれて、これほど極端なかたちではないにせよ、エピステーメとフロネシスとの区別となった。

プラトンのこのような見解がもっているのは、理論的な意味だけではなく、倫理的・宗教的な意味であって、彼は次のようにもいう。感覚と肉体への隷属から解放された真の哲学者の魂は、死後には天上界に生まれかわって、神々と交わる至福のうちに暮らすことになるであろう。それに対して、感覚や肉体を愛した不浄な魂は、墳墓をさまよう幽霊となるか、あるいはさまざまな動物の身体に宿ることになるであろう、と。つまり、プラトンにとって哲学という行為は、宗教的な意味をもった精神的な修養であった。

私たちは、古代ギリシャ人たちのもとでは、人間がなによりもまず、コスモスの永遠のロゴスの支配に属すべきものと考えられていたこと、そのような考え方の基礎にあるものが、自然神学と呼ばれるべき宗教的な感情と確信であることを強調してきた。そのような思考においては、歴史が独自の原理をもつ独立した領域であるとか、また人間がもっぱら歴史に属するとかいうような考えは生まれるべくもなかった。むしろ、永遠なものへの関心の優越や、プラトンのように知識と意見を峻別し、意見を必然的に偽であるとみなす見解のもとでは、変転きわまりない無常なものに対する関心によって動機付けられる歴史認識は不可能だったであろう。実際、ベネデット・クローチェは、発展についての感覚の欠如など「古代歴史叙述が現代の眼の前に示す欠陥」の原因を、「自然主義的であるが故に反歴史的な哲学」に帰している。[6]

そこで私たちは次のような問いの前に立たされることになる。古代ギリシャにおいては、「反歴史的哲学」にもかかわらず、すぐれた歴史叙述が生みだされたか、それとも両者は互いに支えあう関係に立っていたのか、あるいは「反歴史的哲学」のもとでは歴史は不可能であり、歴史主義的な立場においてのみ可能なのか、という問いである。

第三節　古代ギリシャのヒストリア

古代ギリシャ人たちの歴史の見方は、その自然的・政治的な人間概念とピッタリ照応する。ヒストリアという言葉そのものが「言語をもつ動物」という規定に含まれていた人間の理解の仕方、すなわち、人間を自然的世界のなかで問いを発する存在として把《とら》える理解の仕方に対応している。

クローチェが言っているように、古代ギリシャの歴史叙述を優れたものにしているのは、なによりもまず「真理への努力」であった。「歴史のなかにおいて真ならざるギリシャを語るもの」は厳しく非難された。歴史叙述における真理への努力は、一面では、トゥキュディデスの場合にとくにそうであるように、民衆裁判のもとでの弁論術の発達に起因しているが、より根本的には、実用的な利益や目的にとらわれない純粋で原理的な観照としてのテオリアの理想に負うている。けれども、私たちがプラトンについてみたように、テオリアが一切の感覚や経験にもとづく知識を排除するものだとすれば、それによって探究可能なのは、神学・論理学・数学などの分野にかぎられ、自然学も地理も歴史も不可能だったことであろう。しかし実際には、オルフェウス教的・プラトン的な考え方が古代的思惟のすべてだったわけではない。例えば、イオニアの自然学者たちは決して経験的知識のすべてを排除したわけではなかったし、また、アリストテレスのようにあまり宗教心の旺盛でなかった人は、感性的な知覚の繰り返しによって経験が形成され、それがテオリアを可能にする、と考えた。

ヘロドトスも経験をテオリアの基礎として認め、賢者ソロンに対して、クロイソス王に「聞くところによれば、君は哲学しつつ多くの国々を単なるテオリアのために遍歴したそうだが」と語らせている。その意味は、ソロンが旅行中に瞑想したということではなく、商用や外交、資源調査や娯楽など、そうした実用的な目的を離れて、純粋な知識欲から旅行した、ということである。しかし、テオリアという言葉にはどうしても瞑想的静観という意味がつきまとうので、経験を基礎とするテオリアという意味で用いられるようになったのがヒストリアという言葉であり、それは、問いつつ探究し、探究によって獲得した知識を物語る、という意味をもつ。したがって元来この言葉には人間と自然を区別する意味は含まれておらず、ヘロドトスの『ヒストリア』のなかには、今日なら自然地理学の対象となるような事柄の記述が多く含まれているし、プリニウスの『自然誌』は Historia naturalis と名付けられている。この言葉の意味のなかに含まれているのは、自然的世界のなかで、問いつつ、言語によって知識を習得して生きる存在としての、あの「言語をもつ動物」という規定によって示されるような人間の概念である。

古代ギリシャ人の歴史の見方がその自然概念によって制約されていることを示す第二の事例は、その時間の観念のうちに求めることができる。古代ギリシャの歴史観の基礎にある時間の観念は、遠く古バビロニアに起源を有する神話的・宇宙論的な時間の観念である。それは、おそらく日の出の場所が年々変わって、黄道を廻ったのち再びもとの位置に戻るという天文学上の発見から考えだされたものであって、それによると、ちょうど季節がめぐるように「大いなる世界の年」が相継いで起こり、古い年に続く新しい年のなかで、古い年の一切の出来事が再び回帰するのだという。

やがてこの神話的・宇宙論的な時間の観念は、純粋に自然的な経過としてみられていたものが、そのなかに住む人間の世代の性格に従って区別され、自然的世界における凋落と消滅が人間の堕落、絶えざる悪化という思想に変形されることによって、倫理化あるいは歴史化される。それは、それぞれの時代が、ある金属と結びついた一柱の星の神によって支配されているという古バビロニア以来の伝統的な観念によって、黄金・銀・青銅・鉄の時代の継起として表現されるようになる。その場合、鉄の時代に続いて黄金の時代が回帰するというかたちで循環の観念が保持されている。この時間の観念は、ギリシャにおいても、ヘシオドスの黄金・銀・青銅・英雄・鉄の時代の継起として、またストア派における大いなる世界の年の変わり目に起こる宇宙の大火の教説として受け継がれているけれども、ほかの民族におけるよりも、その歴史化の度合は少なかった。[7]

古代ギリシャの歴史観は、ルネサンス期に古代の歴史叙述を模倣しようとした人々によってそのように理解されたため、以後通俗的に「循環史観」と呼ばれるようになったけれども、古代ギリシャ人たちは、歴史そのもののうちに循環と回帰の法則があるなどとは考えなかった。確かにポリュビオスのうちにそのような考え方の萌芽があり、またクリュシッポスのように、「ソクラテスやプラトンが再び生存するであろうし、凡《あら》ゆる人は友人や仲間の市民と共に再び生存するであろう。彼は同じことを径験し、同じことをするであろう。凡ゆる都市・凡ゆる村や畑が再び現れるであろう」と語る人がいたとしても、すべての歴史家がそのように単純に考えていたわけではない。歴史を独立させて考えることをしなかったギリシャ人にとって、歴史そのものの循環と回帰の法則というような観念を生みだすことは不可能だった。むしろ、自然的・宇宙論的な時間は、歴史的な事柄がそこで起こるべき舞台なのであり、そのことは、彼らが人間やその行為を自然的世界のなかで理解していたということと同じことを意味しているにすぎない。

歴史的諸事件の総体という意味での歴史には、進行の周期性も必然性も、内面的秩序も欠けているのであって、だから偶然に左右される歴史については厳密な知識、すなわち学問は成り立たない、と彼らは考えていた。このこともまた、彼らが、ポリスや人間の実践を、コスモスの永遠の秩序に従うべきものとしながら、それ自身には恒常的な秩序は欠けていると考えていたことに対応する。死すべき人間の行為たる歴史の事柄は、一回かぎりのはかないものであって、容易に忘れ去られてしまうからこそ、ヒストリアの対象として保存されなければならない。つまり「死者が人間から時と共に失われ、偉大な、驚嘆すべき仕事が世に知られず消えていくことがないように」（ヘロドトス）探究され、物語られなければならない。

古代ギリシャの歴史観が自然概念によって制約されていることを示す第三のものは、人間の自然的な本性はコスモスと同じように永遠不変なものであるという、コリングウッドが「実体主義」と名付けたような思考様式である。人間は、民族や時代を超えて常にどこでも人間を生むのであって、もし人間が犬を生むとしたら、コスモスではなくカオスがあることになるであろう。トゥキュディデスが、人間の本性は本質的に変わらないのだから、過去に起こったことは未来においても、同じあり方でか、あるいは似たあり方で起こるであろう、だから歴史の研究は未来のための教訓として役立つであろう、と述べるのは、こうした意味においてである。歴史的行為者たる人間の自然的な本性は歴史の外に立つ永遠不変の実体であり、他方、その行為たる歴史的諸事件は、実体としての人間の本性にとっては偶有的なもので、変転きわまりない無常なものだ、と彼らは考える。

トゥキュディデスが述べているように、ギリシャ人たちにとって、歴史叙述は教訓を与えるべきものであり、そのようなものとして価値をもっていた。その歴史叙述が優れているのは「真理への努力」によってであり、それは実用的な利益や目的にとらわれないテオリアの理想にもとづく、ということを私たちは確認したけれども、そのことと歴史は有用性をもたない、というのとは別のことである。彼らの歴史に対する関心は、常に倫理的・政治的な観点によって制約されており、歴史はそのような観点からみて有用性をもっていた。ポリュビオスはみずからの歴史を「プラグマタ」（事物）と呼んだが、それはこの言葉の古い意味においても新しい意味においても、二重に真実である。すなわち、それが政治的な《事物》に関するものであるという点において、そしてそれが有用性をもつという点において。そのような歴史の見方は、政治的動物としての人間の概念に対応するものだが、その場合、彼らは政治を、あるいは一般に実践を、近代におけるように技術としてではなく、一義的に倫理的なものと理解していた。ポリスにおける政治的実践が、コスモスにおける神的なロゴスとその秩序を規範とするものである以上、倫理的・政治的な観点からみられた歴史もその規範を共有することになる。

　歴史主義のもとにおけるように倫理的な規範までが歴史化されることのなかった古代ギリシャにおいては、規範そのものは歴史の外に存在する恒常不変のものであって、そこにはクローチェが「歴史の他律的理論」と呼んだような思考が働いていた。そうだとすると、歴史叙述の方法は、近代のリアリズムとは違って、社会的現実を描写するのではなく、叙事詩や悲劇では英雄や美徳の、喜劇では道化や悪徳の範例を描くべきものとされた、あの古代文学の方法にきわめて近似してくる。事実、歴史は詩的な言葉をもって語られなければならず、詩に較べては韻律なき詩である、と考えられていたし、アリストテレスが歴史と詩のいずれに真理が属するかを問い、ためらうことなく詩の方が優れている、と答えたのも理由のないことではない。古代ギリシャにおける歴史叙述は、政治学を含む広義倫理学や文学の姉妹篇のようなものであって、学問とは認められなかったけれども、倫理学や文学と同じように有用性をもつものと考えられていた。

ここで最初の問いに戻ろう。私たちは古代ギリシャにおける歴史思考が、宇宙論的・自然的・政治的人間概念と照応するものであることを見てきた。そのことは歴史思考にとってプラスだったのかマイナスだったのか。古代ギリシャの歴史家たちは、真理への努力を基礎に、詩的表現を手段とし、倫理的・政治的な有用性をおのずからなる結果として歴史叙述を構成した時、すぐれた成果を生みだした。他方、手段たるべき詩的表現を目的と取り違え、おのずからなる結果であるべき倫理的・政治的有用性を唯一の目的にまで高めた時、トゥキュディデスやポリュビオスが口をきわめてののしっているような通俗的歴史、あるいは偽造された歴史、すなわち娯楽や政治的党派の宣伝の道具としての歴史叙述も多く生みだされたのであった。

しかし、それらの歴史叙述の欠陥の原因が、宇宙論的・自然神学的な思考のうちにあったとは思われない。クローチェのように、その歴史叙述の欠陥を「反歴史的哲学」のうちに求めるよりは、むしろそれとすぐれた歴史叙述との並行現象にこそ注目すべきではないだろうか。

コリングウッドが言っているように、「彼らが生きていたのは、歴史が異常な速さで動いていた時代であり、その国土は、地震や侵食によって、他のどこにもみられない程の激しさで変貌を遂げていたような土地だったのである」[8]。永遠なものの情熱的な希求と、転変つねなき歴史の波にもまれる人間のはかない、しかし偉大な行為に対する関心とは、二つながらこのような条件のもとで生みだされたものに違いない。

第二章　ユダヤ＝キリスト教における終末論的歴史思考

古代ギリシャの宇宙論や自然的・政治的な人間概念、および歴史思考は、いずれも自然神学と呼ばれるべき宗教的・神学的な前提の上に立つものであって、ギリシャ的な観念の崩壊が起きるとすれば、それは宗教的な次元においてであるに違いない。そのような崩壊をもたらしたものは、ユダヤ＝キリスト教的な自然と人間の概念であった。しかし同時に、一般に「ヘレニズムとヘブライズムの融合」として知られる過程がヨーロッパの全中世を通じて進行していったことも事実である。実際、コペルニクスに始まるギリシャ的宇宙像の崩壊は、そのキリスト教化された形態たるスコラ学の崩壊というかたちをとる。ヘレニズムとヘブライズムの間の対立と融合の錯綜した過程を解きほぐすことが、ここでの私たちの課題となる。

古代ギリシャの自然神学的な思考のもとでは、人間と神のいずれもが自然的世界の内部に存在するものと考えられていた。確かにプラトンの対話篇『ティマイオス』には宇宙創成説が展開されているけれども、そこで語られているのは、世界の外なる神による無からの創造ではなく、神が質料を再配置し、カオスからコスモスを生みだした、ということであった。アリストテレスが、第一実体たる「動かずして動かすもの」によって運動が生まれ、質料に形相が与えられてコスモスが生ずる、というのも同じような意味である。これに対して、ユダヤ＝キリスト教の信仰のもとでは、万物は世界の外なる神によって、神の似姿たる人間に奉仕すべく無から創造された被造物とみなされる。そうであってみれば、自然的世界には、固有のロゴスも生命も、ましてや神聖な性格などは存在せず、単に人間の欲望の対象にすぎない、ということになる。それは人間にとって永住の場所ではなく、天上の神の国を目指す巡礼のように、そこを通りすぎてゆくべき仮のすまいである。ここには、自然は人間のために存在するという人間主義的な、いわば近代的な考え方の萌芽が認められる。しかし、ユダヤ＝キリスト教の信仰から、その近代的な結論が導き出されるためには、なお幾多の紆余曲折を経て、神の存在そのものがカッコで括られるようにならなければならなかった。

無からの創造という観念は、大いなる世界の年の循環と回帰という、多くの古代諸民族によって信奉されていた神話的・宇宙論的な時間の観念にも変改を加えずにはおかない。それによって、時の流れにはまず始めが置かれる。さらに、黄金・銀・青銅・鉄の諸時代の継起ののちに訪れるのが、黄金時代への回帰ではなく、終わることのない福祉の時であると考えられることによって、時の流れには終わりが設定され、この変改は完了する。

神話的・宇宙論的な時間の観念をこのように変改した最初のものはペルシャのツァラトゥストゥラであった。それによると、人間の歴史は、善の神アフラ・マズダの派遣する天使軍と、悪の神アーリマンの派遣する悪魔軍の闘いの場だが、その終わりに至って、死者の復活と最後の審判が行われ、永遠に善の支配する時代が到来する。しかし、終末論、すなわち世界がそれをもって終わりを告げる最後の事柄についての教説を、徹底的に展開してみせたのは、やはりユダヤ＝キリスト教であった。この終末論的な思考は、中世紀のキリスト教的歴史像はいうに及ばず、近代の歴史主義、すなわち今日の私たちの歴史思考をも規定している。[9]

第一節　ユダヤ民族の歴史思考

ユダヤ民族の旧約の預言においては、宇宙論的な時間の観念の倫理化と歴史化の現象は見られるが、なお終末論的な思考は現れない。大いなる世界の年の変わり目に起こる宇宙的な破局・地震・大火等は、審《さば》きと救いの時として倫理化されているけれども、審判はイスラエルとその敵にかかわるものであって、罪深き民族に下される罰であり、救いも廻り帰る黄金時代の神話的なイメージの影響を受けて、砂漠が楽園に、すなわち新しい天と新しい地に変わり、新しい時代の支配者としてダヴィデ家出身の王が出現するということである。それらすべての出来事は歴史の内部で起こるのであって、それは宇宙論が歴史化されたものにほかならない。

終末論的な思考はまだ現れないとしても、古代ユダヤ民族の歴史思考のうちには注目すべき観念が認められる。彼らにとって歴史とは神の命令に対する服従あるいは不服従と、それに対する神の祝福あるいは罰の不断の循環だが、それは同じことの繰り返しではなく、イスラエルを己れの民として選んだ神の約束にもとづき、頑迷な民との辛抱強い闘いを通して、終わることのない福祉へ向かって民を教育しようとする神の計画の実行であり、一つの目標へ向かう前進的な運動であった。

したがって、歴史には神の計画にもとづく起源と目標があり、両者に挟まれることによって、歴史はまとまりのある全体となる。また人間の罪と神による赦し、という統一的な意味をもつ。それは過去の省察によって神の約束を確証し、未来に直面して責任を喚起する現在への呼びかけ、つまり歴史による民への説教にほかならない。彼らにとってイスラエルとは、国家ではなく、互いに隣人である人々の礼拝共同体と考えられていた。そこで想定されている目標は、個人の魂の救済ではなく、また歴史の終わりでもなく、民族の福祉、具体的には、ダヴィデ家出身の王のもとでの礼拝共同体としてのユダヤ民族の統一であり、あくまで歴史の内部における目標であった。そうだとすると未来の福祉に参加できるのは、その時生きている人々にかぎられ、死者の魂の救いの問題に対しては解答が与えられない、ということにならざるをえない。

第二節　黙示文学における終末論的歴史思考

ユダヤ民族のうちに終末論的な思考が明確に現れるのは黙示文学においてである。旧約の預言では、審きも救いも歴史の内部で民族に関して起こるものであったのに対して、ここでは倫理化が一層徹底し、一人ひとりの個人について語られる。来るべき救いは、民族の共同体の福祉ではなく、個人からなる聖者の共同体のそれとなる。しかも神の審きは歴史の内部で起こるものでないどころか、自然の内部で起こるものですらなく、超自然的な出来事であって、それによって古い世界は死に絶え、歴史は消失する。そして、死者の復活とともに、時も滅びも存在しない新しい世が現れる。

このような思考の転換にともなって、神話的・宇宙論的なモチーフが再び前面に現れる。メシアの像は、ダヴィデ家出身の王から、雲にのって天から降る《人》の神話的な像に変えられる。けれども、ここで宇宙論的なモチーフが強調されるのは、世界の運命が人間の運命によって置き換えられているからであって、人間の堕罪とともに、自然的世界の全体が神からの離反に巻き込まれ、死滅するとみなされているからである。ここでは宇宙論が徹底的に人間化されており、黙示文学においてこそ、私たちはギリシャの宇宙論的・自然神学的思考ともっとも鋭く対立する自然と人間の概念を見出す。

終末論は古代ユダヤ民族の歴史思考を完成させた。歴史は終末の後に到来する新しい世界との対立において、古い世界とみなされる。このような二元論的な対比のもとで、歴史は終末の側から理解され、救いに対する罪の時代として統一的な意味をもった一つのまとまりとなる。例えば、黙示文学の代表的な作品である「ダニエル書」には、神話的・宇宙論的な時代区分の方法を受け継ぎながら、ネブカデネザルが夢にみた巨像、頭は純金、胸と両腕は銀、腹と腿は青銅、すねは鉄、足の一部は鉄、一部は粘土でできた巨像の比喩による諸帝国の描写がなされているが、それらは、バビロン人、メディア人、およびギリシャ人（あるいはアレクサンドロス大王の後継者たち）の諸王国等、歴史上の諸帝国であるという点において、宇宙論の歴史化が一層進んでいるとともに、それら諸帝国は巨像とともに破壊されてしまうのであって、そののちに到来する「いと高き方にしたがう聖者たちの王国」からみれば、等しく悪の時代として等質化され、統一されている。

第三節　原始キリスト教団における終末論的歴史思考

終末論的な思考は新約の思想においても強力に働いている。というのも原始キリスト教団にとっての核心的な問題は、キリストの出現、その受肉と十字架上の死、そして復活という出来事を終末論的な事柄として理解することにあったからである。それは、世界についてと、個人についての二通りの仕方で理解された。一方では、キリストの出現は間近に迫った世界の終末を告知するものであって、それに続くのは異邦人の回心とキリストの身体としての教会の形成を経て、キリストの再臨と死者の蘇り、そして最後の審判に至って終わりを告げる「終末の時」、古い世と新しい世の間にある独得の「中間の時」であるとみなされた。

他方では、キリストの死と復活によって終末はすでに到来しており、罪の赦しは個々の信仰者に即してすでに実現されていると考えられた。これが「実現された終末論」と呼ばれる考え方である。そうすると、同じ時間のうちに、地上的・歴史的現象ではなく、すでにその国籍を天にもつキリスト者の共同体と、なお残存している世俗的世界とが並存することになり、古い世と新しい世の二元論は共時的に存在する対立となる。のちアウグスティヌスが「神の国」と「地上の国」との対立として歴史の全体に投影し、その対立の起源をカインとアベルにまで遡らせたのはこの考え方を発展させたものである。

ここから生じてくるのは独得の消極的な倫理である。すなわち、入口まで来ている新しい世の住人たるキリスト者にとって、穢れと罪の領域にほかならないこの世界は他国であり、それに対しては何の責任も存在せず、むしろ自分を世界から浄《きよ》く保つことだけが要請される。しかし、信仰者にはすでにキリストの死と復活において罪の赦しと救いが与えられているとしても、同時にそのようなものにならねばならないのであって、罪からの自由は絶えざる罪の告白と絶えざる赦しにおいて確証されなければならない。ここから、中間の時に関しても別様の解釈が成り立つ。すなわち、それはキリストの死と個々の信仰者の地上的な生の終わりとの間の時として、個人に即して理解される。これがパウロによって展開された思想であって、のちルターやカルヴァンが復興しようとしたキリスト者の倫理、また救われたものの共同体としての教団の概念はそれにもとづく。

初期の教団においては、「中間の時」についての二通りの解釈、すなわち間近に迫った世界の終末に備え、異邦人の回心と教会の形成を急がなければならないという考えと、すでに罪の赦しを得たキリスト者はこの世界から浄く身を保たなければならないという考えは二つながら存在した。前者の考え方からは、キリストの再臨までに地上をくまなくキリスト教化しなければならないとする積極的な倫理、のちに十字軍の指導理念として知られるようになる倫理も導き出しうるけれども、当初優勢だったのは後者のパウロ的な消極的倫理であった。時にはそれが二律背反と感じられることもあった。パウロは書いている。

「私にとって、生きるのはキリストであり、死は利益である。しかし、肉体に生きることが、私に効果的なはたらきをさせることになるなら、私はどちらを選んでよいかにまよう。私は二つに挟まれている。私としては、一方、この世を去って、キリストとともにいたいとおもう。このほうがはるかによい。しかし、他方、肉体にとどまることが、あなたたちのために必要であると思う。私はそう確信して、なお生きながらえ、あなたたちの進歩と信仰のよろこびのために、みなとともにとどまる、これを私は知っている」[10]。

しかし一般には、「中間の時」に関する前者の考え方は、後者の消極的な倫理を支える状況理解として共存していた。初期のキリスト者における消極的な倫理のもとにあっては、世俗的世界への無関心な態度が一般的となる。そこでは、自己と神との、また神のもとにおける自己と隣人との交わりだけが問題となるからである。終末の時に関する黙示文学的・宇宙論的なイメージは受け継がれるけれども、それは単に装飾的な意味においてであって、彼らは自然的世界に対しては何の関心ももたない。歴史に関しても、もはや神が歴史に干渉して出来事を左右するとか、歴史の内部でのユダヤ民族の目標といったことは問題にならない。むしろ、彼らは終末の時の新しい神の民として、また今や実現された神の約束であり、達成された歴史の目標である彼らキリスト者の存在をもととしてイスラエルの歴史を振り返る。

キリスト者の存在が達成された歴史の目標であるといっても、それは歴史的発展の結果としてそうであるのではなく、超歴史的・超自然的な神のわざたるキリストの出現によってそうなのであって、新しい神の民と古い神の民たるユダヤ民族との間に歴史的・系譜的な関係があるわけではない。彼らにとっても古い世は罪の時代だが、それは恩寵を受けるための逆説的な前提であり、またキリストの出現において実現された神の約束が告げられる場所、啓示がそこで与えられる舞台となる。だから問題となるのは諸民族の現実の歴史ではなく、超自然的な救済の生起が歴史のなかで啓示されることであり、歴史は救済史となる。しかも、キリスト者はその個人的な生において、人間の罪と悔い改め、恩寵によるその赦しを体験するのであって、ここでは救済史としての人類の歴史が個人の生において再現される。彼らは、これまで隠されていた神の計画が、新しい民における約束の実現によって、はじめて顕わにされたのだと考える。

第四節　礼典主義（サクラメンタリズム）の発展

もうそこまで来ているはずのキリストの再臨が実現しなかったという事実に直面して、世界の予期された終わりは際限のない未来へ移し入れられることになった。そうしてみると、間近に切迫した世界の終末という状況理解に支えられていたパウロ的な倫理ももちこたえられなくなる。神の恩寵についての生々しい実感が後景に退くとともに、信者たちは、時間的に遠い未来に行われるはずの審きにおける義認のより確実な保証を求めるようになり、そのために立法者としての神の命令に従順に従おうとする法令的な道徳主義が現れる。個々の信仰者の救いはいわば制度化される。「実現された終末論」の思想は保持されるが、キリストにおける救いが現前するのは洗礼の儀式を通してであり、それは聖なる晩餐（ミサ）と懺悔の礼典によって不断に聖化され更新されなければならない。これらの礼典において、神の恩寵がキリストの臨在を通して現存すると考えられたけれども、実際に礼典を執行するのは聖職者たる司祭であって、その職位も一つの礼典たる叙任によって制度化される。悔い改めと罪の赦しという終末論的な出来事が、ここではいわば日常的な営みとなる。こうして教会は救われたものの共同体から、救いの制度、あるいは儀礼的礼拝の共同体へと変貌を遂げる。

礼典主義の発展によって、誕生から結婚を経て死に至る人の一生が聖化されるようになったが、それはほんの始まりにすぎなかった。コンスタンティヌス帝によるキリスト教の公認と、それに続くローマ帝国と教会の結合の深まりのなかで、《聖別の原理》は皇帝権をはじめとする世俗的世界のさまざまな制度のうちに浸透し、それらに神聖な性格を付与していく。そうすると、魂の救済にとって有用な要素は、聖別された皇帝権や王権、教会自治の基礎としての領地などのように、世俗の世界にも存在することになるし、「神の国」と「地上の国」とは世俗的世界を舞台として対立しあうことになる。ヨーロッパ世界そのものがキリスト教徒の共同体となることによって、キリストにおいて罪の赦しと救いを得た信仰者は、世俗的世界から浄く身を保たなければならないとされた初期の消極的な倫理が、キリストの再臨に備えての世界的な規模での悔い改めの実現という積極的な倫理に転化する。

キリスト教団における礼典主義の発展の過程は、同時に教義の体系化の過程であり、それはまたさまざまな異教や異端との闘いを通して進められていった。その闘いのなかで、教会は宇宙像や世俗の歴史についての問題にも答え、教義の空白を埋めていかなければならなかった。いわゆるヘブライズムとヘレニズムの融合の運動が始まるのは、そのような過程を通してである。ヨーロッパ中世の思想を特徴付けるのは、この融合の進展とその破綻である。近代の諸思想は、少なくとも見かけ上、中世末期におけるこの融合の破綻のうちに源泉をもっているように見える。以下私たちは、救済史と世俗史の結合、および古代ギリシャ的宇宙像のキリスト教化が、どのようにして試みられ、そして破綻したか、その破綻のなかから、近代的な世界＝宇宙像と歴史主義がどのようにして生みだされてきたかについてみていくことになる。

第三章　中世における救済史と世俗史の結合

歴史主義の淵源をなすものはローマ帝国末期から中世を通じて進展した救済史と世俗史の結合である。両者は、まず教会＝「神の民」、あるいは「神の国」の概念において関連を獲得し、やがて中世末期の聖霊主義（スピリチュアリズム）において融合を始める。歴史における神の超越と内在をめぐる思考の微妙なニュアンスの相違が、歴史主義的な思考の多彩なヴァリエーションとなって展開される[11]。

第一節　教会（エクレシア）の概念

教会が世俗的世界のうちで歴史をもつことが長くなればなるほど、救済史は世俗史と結びつけて理解されるようになる。このような新たな歴史思考の礎石を築いたのは、コンスタンティヌス帝の宮廷付司教、エウセビオスであった。歴史はやはりキリストの生誕を分水嶺として二つの部分に分けられるが、その両半分はもはや悪の時代と救いの時代との断絶によって隔てられるものではなくなる。何故なら旧約の時代もキリストと教会の出現のための準備の時としての意味をもっているし、新約の時代といえども、教会が敵意や迫害、異端に苦しまなければならない、悪と混じりあった時代だからである。こうして歴史の両半分の間に連続性を認めることになると、それを貫く実体として、歴史思考の基軸に「神の民」、あるいは「キリスト教徒民族」という概念が据えられるようになる。それはユダヤ民族に起源し、キリスト教徒の総体としての教会（エクレシア）において顕在するものであり、啓示を通じて「神の民」を教育する神の意志、すなわち摂理によって導かれる。この概念において、歴史の全進行は摂理のもとでの一つの有機的な統一としての意味をもつようになる。けれども、そのような統一や歴史の意味は世俗史としての歴史に内在するのではなく、歴史を超越する神によって外部から課される。救済史と世俗史は二元性を保ちつつ、教会の概念によって接触を始める。

「神の民」に関するエウセビオスの概念はアウグスティヌスの「神の国」の概念に継承された。「神の国」は彼岸的なものであるとともに、天上の国を目指してはいるが、しかもなお罪人である「この世の旅人」の集まりとしての此岸的な教会でもある。他方、「地上の国」も悪魔の国であると同時に、「この世の市民の国」でもあって、それは地上の世界に囚われているが故に滅びに定められており、直接的に救済史的な意味をもちはしないが、しかしコンスタンティヌス帝以降のローマ帝国のように、「神の国」に奉仕する有益なものともなりうる。アウグスティヌスにおいてもやはり救済史と世俗史は結合されているのではなくて、二元性を保ちつつ関連させられている。

第二節　教会史としての世界史

「地上の国」のうちにも「神の国」にとってのある価値が存在すると考えられるとすれば、教会史と諸帝国の継起との間に何らかの関連を打ち立てようとする試みが登場するのは当然の帰結であった。この試みは「ダニエル書」や「ヨハネ黙示録」第二〇章における「千年王国」の解釈をめぐって展開された。アウグスティヌスはこれをキリストとともに始まっている終わりの時と同一のものとみなしたが、他方で、それを特定の王国や帝国と結びついた特別な終わりの時として理解することも可能である。しかしこの可能性は、ゲルマン諸族の移動と西ローマ帝国崩壊にともなう混乱のなかで、キリスト教徒の世俗的世界への関心が急速に薄れていくという条件のもとでは、展開されることなく終わった。

それが再び取り上げられるのは、八世紀カロリング朝のフランク王国と教会との提携によって、中世ヨーロッパ世界の骨格が形成されてのちのことである。小ピピンの王位継承に際して行われた聖ボニファティウスによる荘厳な塗油の儀式は、王権から結婚に至る世俗的制度のすべてが聖別され、神聖な性格を付与されていく過程を象徴するものであった。そして教皇レオ三世によるシャルルマーニュへの西ローマ帝冠の授与以降、ヨーロッパ世界は、ローマ帝国を継承する帝国であるとともに、キリスト教徒の共同体でもある一つの世界として観念されるようになる。それとともに、次第に、教会の概念は世界の概念を包み込み、「神の国」と「地上の国」とが混合された国とみなされるようになった。一二世紀、フライジングの司教オットーは『世界年代記、または二つの国に関する書』のなかで、このような国はコンスタンティヌス帝以降存在し、一連の帝国継承を通じて、神聖ローマ帝国の担い手たるドイツ人の手に帰したものであると述べている。それは、教権と王権、霊的な剣と物的な剣の二つの権力によって導かれるキリスト教徒の共同体であった。しかし、オットーの「教会＝キリスト教世界」なる概念は、教皇グレゴリウス七世と皇帝ハインリッヒ四世の間で演じられ、広範囲な緊張と興奮を惹起した叙任権闘争を通じて、教権と俗権の間に軋轢が生ずることによって、その基礎を失う。

第三節　聖霊主義（スピリチュアリズム）

叙任権闘争以降、教権と王権はしばしば対立を繰り返しながら、次第に分離し、それぞれが一つの霊的かつ物的な世界を独自に樹立しようと試みる。精神界においても、一方では霊的な剣の担い手たる修道士たちの手で、現世に関する知識としての哲学を神学のうちに組み込もうとするスコラ学が、他方では物的な剣の担い手たちの手で、キリスト教的騎士の理想に導かれた騎士的＝宮廷的文化が生みだされる。それに応じて、「神の国」と「地上の国」とが混合された国は、アンセルムスやフィオーレのヨアキムらによって、騎士的な世界と対立する修道会の世界のうちに求められるようになった。それはいうまでもなく、叙任権闘争に先立って展開され、グレゴリウス七世が自己の活動の足場としたクリュニー修道会の教会改革運動以降、全ヨーロッパにおいて発展した修道会の運動のうちに、その現実的な基礎をもつものであった。

アンセルムスの試みによって、聖霊主義と呼ばれ、歴史主義の起源とみなすことのできるきわめて重要な観念がもたらされる。彼は修道士の時代を、父と子と聖霊の三位による歴史の三分法のうちに位置付ける。旧約と父の時代、新約と子の時代に対して、修道士の時代は、この世の終わりと「神の国」の到来に先立つ聖霊の時代である。ここから、聖霊によって支配され統御される身体、有機体としての教会、およびその発展という概念が導き出される。それは古代ギリシャの有機体概念と同じように、聖霊によってはじめて生命を与えられるものであり、歴史家は教会の歴史の考察を通して聖霊の、したがってまた啓示の告知者となる。こうして彼は、各段階がそれぞれ別の段階の結果であり、聖霊によって継起する教会の七つの発展段階を区別する。

聖霊主義とともにはじめて神は聖霊として歴史に内在することになり、また聖霊によって導かれる身体という有機体の概念、およびその発展という概念が生みだされた。このような思考こそが歴史主義を準備したのだが、しかしそれはただちに危機に直面し、行き詰まってしまう。何故なら、聖霊主義の歴史思考にとって現実的な基礎を提供していた修道会の運動は、「自由圏とその支配」という封建制度の構成原理によって存立の条件を与えられていたのであり、その意味でそれは騎士=下級貴族の自立化、および市民共同体としての自治都市の形成と等質な併行現象であって、高位聖職者・諸侯・騎士・都市という同質の支配圏を有するものの各グループからなる身分制国家の構成要素だが、それらは飢饉や戦乱の打ち続いた一四世紀における領主制の危機以降、君主がそれらの支配権を奪い取り、官僚的行政機構のうちに吸収して、中央集権的な絶対王政国家を建設していくとともに、解体すべき運命にあったからである。この間、世界を包摂する教会という概念も、聖霊によって導かれる有機体としての教会という概念も、対応物を失い、空転する。

こうして発生したキリスト教的歴史思考の危機のもとで、歴史の意味に対する問いは数百年の間ほとんど姿を消し、その空白はただ多くの年代記叙述や、一五世紀イタリア・ルネサンスにおける政治学的な関心からする世俗的な歴史研究や、ギリシャ的歴史思考の模倣と復活、および古文献や古事物の収集とその批判的な研究などによって、かろうじて補われているにすぎない。それらはあいまって近代の歴史学の形成を準備した諸要素には違いないけれども、新たな歴史思考を生みだしたわけではなく、したがってそれらをもってしては歴史の総合は不可能であった。もっとも、ルネサンス期の人文主義者たちが、古代ギリシャの歴史思考であると想像して模倣した循環史観は、螺旋的な回帰における発展というジャムバッティスタ・ヴィーコの観念を通して後世の歴史思考に影響を与えたし、また輝かしい古代と、新古代たる近代の間に挟まれた野蛮な闇の中世という歴史の三分法も近代の歴史思考に枠組みを提供したが、それらは決して本質的な事柄ではない。むしろ近代の諸思想は、自然認識の分野でも、また政治学や歴史・文学・趣味等あらゆる分野において、ルネサンスが復興した古代の権威に対する闘いを通して獲得される。

歴史の意味に対する問いの放棄とは反対に、この間自然的世界への関心が復活し、それはスコラ学における神学への自然学の組み込みの試みとその挫折ののちに、一七世紀の科学革命をもたらし、数学的・機械的な法則に従う自然的世界という近代の世界像が生みだされる。それに対応して、歴史は自然的世界との対比において一つの世界とみなされ、また啓蒙主義を通して人間の理性の、したがって自然に対する支配とそれによる福祉の増大という方向での歴史の進歩という観念が生みだされることになり、歴史の意味に対する問いは世俗化されたかたちでの解答を見出す。

第四節　ギリシャ的宇宙像のキリスト教化

キリスト教の正統教義のもとでは自然に対する関心は占めるべき位置をもたない。肉体の欲望に従うことがキリスト者にとってふさわしいことではなく、自然的世界が人間にとって単に欲望の対象なのだとすれば、そして人間の堕罪とともに自然的世界も神からの離反に巻き込まれてしまったのだとすれば、キリスト者にとって世界を愛することは神に背くことに等しいからである。自然的世界は罪深い人間のすみかたる世俗的世界（セークルム）と一つのものであり、キリスト者の共同体はその全体と対立する。そのことをアウグスティヌスが『ソリロキア』のなかで明言している。彼は「自分自身の魂を知ることのみを欲する」と言い、「それ以上何も欲しないか」という問いに対して、「何も欲しない」と答えている。そのような意味で、一三世紀の教皇インノケンティウス三世の著書『世界蔑視論』の表題に示されるような思想こそが、後世に至るまでキリスト教にとって正統的である。

それにもかかわらず、ヘブライズムとヘレニズムの融合は、何度かの中断の時期を挟んで、遅々とした歩みにおいてではあるが進行していった。融合の条件が両者の側に存在していたからである。ギリシャの思想の側から言えば、それがディルタイによって「形而上学的一神論」と呼ばれたように、有神論的な性格をもっていたことがキリスト教との結びつきを可能とした。神は「動かずして動かす者」（アリストテレス）として、聖母マリアは「母なるヴィーナス」（ルクレティウス）として観念されることができた。しかも、オルフェウス教的・プラトン的な天上界と地上界、イデア界と感覚界の区別は「神の国」と「地上の国」についてのキリスト教的観念を装飾し、イメージを豊かにするものとして受け入れられうる。ギリシャ的諸思想は、ギリシャ人を前にしてみずからを野蛮だと感じたローマ人によって大いに模倣されたけれども、ポリス的生活秩序の解体にともなって、ストア派や新プラトン派にみられるように、個人の魂の問題に関心を集中するようになっていたのであって、このこともキリスト教との結合を促進する条件となった。

他方、キリスト教が最初に広まったのは、パウロのように、ギリシャ語を話し、ギリシャ思想の影響を受けたユダヤ人の間においてであったし、そもそも福音書が記述されたのはギリシャ語によってであった。原始キリスト教団には、みずからをユダヤの民族宗教から区別して、等しくギリシャの文化を尊重し、何らかの程度でその模倣を目指していた諸民族の間で市民権を獲得しなければならない、という事情も存在した。やがて教会の発展にともなって、オリゲネスやヒエロニムス、アウグスティヌスらの教父たちのように、ギリシャ的・ローマ的な教養を身につけた人々のうちからも改宗者が現れる。彼らは不可避的にキリスト教信仰のうちに、なにがしかギリシャ的観念を混入させた。

キリスト教的終末論とギリシャ的宇宙論との接触と融合は、初期キリスト教団のなかにオルフェウス教的・新プラトン主義的な思想の影響を受けたグノーシス派が登場することによって、いち早く開始されていた。それによれば、救い主の降臨と昇天は、人間における天上的要素たる光の片を魂のなかに閉《ひら》じ込め、天の家に帰る道を塞いでいた宇宙の敵対的諸力との闘いと勝利であって、キリストは人間のみならず、コスモスの救い主でもある。

このような思弁は、キリストの事業のうちに宇宙の無秩序が再び秩序へともたらされる宇宙的な和解を見てとるヨハネの思想のうちにも反響している。終末が個々の信仰者についてのみならず、世界についても実現されているのだとすれば、新しい世は自然的世界のうちにもすでに到来しているはずだ、と考えることも可能である。予期された世界の終わりが際限のない未来に移し入れられる一方で、世界の終わりはすでに宇宙論的な意味においても実現されている、とする考え方が強力になるとすれば、自然的世界のうちにも神の恩寵による秩序を見てとる、のちに私たちが理神論として知ることになるような思想が生みだされる可能性も存在する。それによって、世界は蔑視の対象ではなく、讃美の対象となる可能性が生まれる。しかし、実際には、ローマ帝国哀亡後の周知の混乱のなかで、この可能性は展開されることなく終わった。ローマ教会は、蛮族ゲルマン人に対して、西ローマ帝国の後継者として、したがってローマ的教養の保持者として臨んだけれども、教会のうちに保存されていた古典時代の遺産は時とともに失われていった。それらはわずかにアイルランドや北イングランドのノーサンブリアのような辺境で、それも修道院の奥深くで細々と保存されたにすぎない。

キリスト教教義のギリシャ哲学による基礎付けは、九世紀シャルルマーニュの宮廷におけるアルクィンやヨハンネス・スコトゥスのような少数の例外を別とすれば、一一世紀に封建制度のもとでヨーロッパ社会が安定し、新しい活力を獲得して以降、それも本格的には一二世紀以降、ようやく活発となる。また、一二世紀までの中世哲学は主としてプラトン的であった、ということが言われるにしても、その頃までにヨーロッパ人が知っていたのは『ティマイオス』の断片以外には、ボエティウスやディオニュシオス偽書を通してであるにすぎない。アリストテレスについては、彼らがある程度正確な知識をもつようになるのは一二世紀以降、アラビア語からの翻訳を通してであり、ほぼ完全な知識をもつようになるのは、ようやくイタリア・ルネサンス期に至ってである。中世におけるヘブライズムとヘレニズムの融合とは、言葉を換えて言えば、古代ギリシャの思想を再発見する過程であり、しかもその融合がスコラ学において結晶するやいなや、同時にその破綻も進行する[12]。

スコラ学は先に私たちが聖霊主義について見たのと同一の条件のもとで展開される。九世紀以降、世俗の諸制度の全体が聖化され、魂の救済にとって有用な要素が世俗的世界のうちにも存在する、ということが認められるようになるとともに、自然的世界についても単に罪深い人間にとっての欲望の対象にすぎない、という見解が修正される可能性が生まれる。しかしスコラ学における思弁を規定するもう一つの条件、すなわち叙任権闘争以降ヨーロッパ世界に生じた亀裂は、そのような修正を容易には許さないものであった。

叙任権闘争ののち、とくに初期十字軍の時代に、教会と教皇の権威は著しく高まり、世俗的世界の広汎な領域にわたって強力な影響力を行使するようになった。それにともなって、世界の精神的統一を体現すべきものは教皇や教会、すなわち聖職であり、世俗の世界とその権力は、魂としての教会にとっての身体、魂の救済のための教会の道具である、とする「教会国家主義」とか「教皇権至上主義」と呼ばれる見解が登場する。しかし他方では、北イタリアのボローニャやパヴィアでのローマ法復興を基礎として、世界を帝国と考え、皇帝こそが人類統一の正式な原理であるという見解も提出されて、教皇と争う神聖ローマ皇帝に理論的正当性を与えた。もし世俗的世界のうちにおのずから備わる秩序が存在するのだとすれば、そこでは神も聖職者も占めるべき位置を失い、ローマ法による皇帝の統治が正当化されることになるであろう。だから、初期スコラ学においては「あらゆる権威は神による」というパウロの言葉を手がかりとして、世俗的世界はなお罪の場所であり、そうである以上、法則、すなわち理性的な秩序がそこに内在するはずはない、それは神によって世界の外から掟として押しつけられるというかたちでしか存在する余地はない、とされていたのである。

以上すべてのことがトマス・アクィナスにとっての出発点であった。彼はアリストテレスの研究を通じて、そこから導き出しうるのは、社会は自己充足的な自然有機体であり、各部分は全体の目的にとっての道具である、という見解であると考えた。そうであるとすれば、世俗的世界も、そして自然的世界も、おのずからなる秩序のもとで自足してしまうことになる。他方、パウロによれば、世界は神体としての神秘的有機体であり、全体のなかの各部分は、それ自体の精神的完成を遂げつつ、全体の目的に奉仕すべきものであった。こうして、アリストテレスの自然有機体の概念を、パウロの神体の概念のなかに組み込むことが彼にとっての課題となる。彼はこの課題を、政治学的には、領地・都市・ギルド・大学などの小規模な自治体を、単に国家の道具であるのではなく、それらがその一部を構成しているより大きな精神的共同体、すなわちキリスト教共同体の一機関である、とみなすことによって解決する。それはいわば身分制国家を教会の立場から解釈したものとしての意味をもつ[13]。

彼は同様の課題を自然法のうちにももちこむ。そして、自然法に関する独得の解釈によって解答を見出す。彼においても法則は神の定める掟だが、諸事物のうちにはその掟に従いうる自然的性向が、これも神によってあらかじめ植えこまれている。それは、神の声に耳を傾けうる唯一の理性的存在たる人間が、神のもとでの浄福という宇宙全体の目的に向かって、その性向を洞察し、秩序付けることによって、神の掟の実現に関与しうる。それが人間の実践を通じて可能的に実現される自然の法である[14]。

トマス・アクィナスによる自然法則と神の掟の同一視によって、ギリシャ的宇宙像のキリスト教化のための理論的前提が明らかにされた。けれどもそれは宇宙論的な関心によってというよりは、宗教的な関心によって動機付けられたものであって、したがって自然的世界のオリジナルな研究をともなうものではなく、アリストテレス的・プトレマイオス的な宇宙像がそっくりそのままキリスト教のうちに取り入れられたにすぎなかった。その場合、その宇宙像がもともと有神論的な性格をもち、また不完全なものから完全なものへと向かう階層的な秩序を備えていたことが、それを一層容易にした。ただ、おのずから備わるロゴスによって自足するものとされていたコスモスを、世界の外なる神との関連のうちに嵌め込むことだけが必要だったのである。こうして形成された中世末期のキリスト教的な宇宙像は、具体的には次のようなものであった。[15]

それはまず、月を分界として上下に分けられる。地球を含む「月下の世界」では、重さをもつ土と水の球が、浮揚性をもつ空気と火の球に取り巻かれている。しかし、現実の物質はこれら四つの根源物質のさまざまな化合によって成り立っており、土や水は重さによって下降し、空気や火は浮揚性によって上昇しようとするので、さまざまな変化と運動が生ずる。それに対して、月より上の天界は特別に完全な物質たる第五精質（エッセンス）でできていて、円運動をする八つの天球の上に惑星が載っており、その世界には変化も腐朽もない。その外側には、すべての天球を回転させる役目をもつ第一機関が、さらにその外側に最高天が存在する。

このような宇宙像はアリストテレス的・プラトン的なそれを下敷きとしたものだが、その思想的な意味はやはり古代ギリシャのそれとは異なっている。一人の男が天球を突き破って、諸天球を動かしている第一機関、すなわち天上の機械仕掛けを眺めている中世末期の絵が残されているが[16]、それを見てもわかるように、宇宙は神によって製作された機械であって、天球が月下の世界と比べてすぐれた性質をもっているとしても、それはそれを製作した神の叡智のうちに根拠をもっている。自然的世界そのもののうちに、精神やロゴスや神的な性格をみてとるギリシャ的な思惟はここにはみられない。しかしこのような機械仕掛けの宇宙という中世末期キリスト教の宇宙像こそが近代的世界像の出発点をなす。

第四章　近代的世界像の成立

第一節　宇宙像のコペルニクス的転回

後期スコラ学において理論化された中世末期キリスト教の宇宙像は、コペルニクス革命以来崩壊を始め、そのなかから近代的世界像が出現する。宇宙像のコペルニクス的転回とともに、古代ギリシャの宇宙像も最終的に生命を失う。

宇宙像のコペルニクス的転回は、いうまでもなく、一六世紀、コペルニクスの『天球の回転について』によって提出された太陽中心説に始まる。それは、それまで航海術のための天文表の作製に用いられていた複雑な天球のモデルを単純化しようとする意図にもとづくとともに、神によって創造された世界には美しい均斉と調和がなければならないとする、ギリシャ的でもキリスト教的でもある世界調和の確信によって支えられたものであった[17]。コペルニクスの体系は、地球が太陽の周りを回っているのだとすれば、物体は何故地球の中心に向かって落下するのか、というようなさまざまな問題を提出し、天文学的な研究を刺激したが、同時に、研究の進展によって次々と修正され、ついには破壊された。まずティコ・ブラーエが、これまで凶事の前兆とのみ考えられていた彗星、および一五七二年に発見された新星の研究によって、月より上の世界は永遠にして不変であるとするアリストテレス以来の観念を打ち破った。その弟子のケプラーは、惑星の軌道を楕円とすることによって、天球はもっとも完全にして調和のとれた円運動をしているというコペルニクスの確信を否定した。

またコペルニクスは、八番目の天球たる恒星界は実際は不動であり、地球の運動によって見かけ上回転しているにすぎないことを明らかにしたが、もしそうだとすれば、一つ一つの恒星が太陽と同じであり、宇宙の中心が地球から太陽へ移るだけではなく、宇宙には無数の中心がある、したがって、そもそも中心は存在しないのだ、と考えることも可能であろう。ジョルダーノ・ブルーノは不謹慎にもそのような見解を表明したために火刑に処せられたが、このような思弁が、カントによって構想され、ラプラスによって基礎付けられた星雲説への道を開いた。さらに、ガリレオの望遠鏡によって発見された木星の衛星は、天球の観念をも破壊してしまった。何故なら、それは天球を突き破って運動しなければならなかったからである。

宇宙は際限もなく、中心もなく、月上と月下の、したがって優れた領域と劣った領域との区別もない等質な空間なのだとすれば、地球上で発見される諸法則は宇宙の全体に適用できるであろう。こうして、天文学は力学から、宇宙は地球上での実験から理解されるようになる。ガリレオの落体の法則の研究はコペルニクス以来の難問に解答を与えるとともに、このような方法の先駆となったものであり、いうまでもなくニュートンの万有引力の法則がそれを完成させた。またガリレオによる慣性の法則の研究は、天体に運動を起こさせるためには常に神が干渉していなければならない、という観念を否定することによって、天体の運動に対する神の責任を解除した。

天文学的現象の力学的説明によってもたらされたのは、あらゆる物質を、大きさ・形・量・運動といった一般的な概念に還元することができ、したがって計量可能で数学的に処理することのできる対象とみなす、今日の私たちにとってはすでにおなじみとなっている観念であった。その結果、自然的世界は数学的に計算可能な一次性質と、その不可能な味・においのような二次性質とに二重化される。

第二節　近代的形而上学の成立

一、デカルト

スコラ学が信仰や倫理から宇宙像までを総合する普遍学であっただけに、その宇宙像の崩壊はそれのみにとどまるものではありえなかった。ブルーノの処刑やガリレオに対する宗教裁判での有罪判決にみられるように、信仰や倫理の危機はまず新たな宇宙像との対決として表明された。しかし早晩、キリスト教の信仰・倫理と新たな宇宙像との妥協が図られなければならなかったし、事実それはデカルトによる新たな普遍学の樹立によって成し遂げられた。宇宙像のコペルニクス的転回はそれによって哲学的に完成されるとともに、近代の形而上学が生みだされる。[18]

デカルトによる普遍学の樹立は少なくとも二つの前提のもとで行われた。第一に、彼が高く評価したフランシス・ベーコンの考え方、すなわち「知は力なり」という言葉によって端的に示されているように、認識は実践に、それも従来のように一義的に倫理的な善を目指す実践ではなく、国民生活の福祉と道徳の向上に寄与しうる技術的実践のために奉仕しなければならない、という考え方である。第二に、ガリレオによって始められ、のちニュートンによって完成される天文学的現象の数学的・力学的説明の方法である。

デカルトが出発するのは、宇宙像のコペルニクス的転回によって生じた、それと伝来のキリスト教的な信仰・倫理との対立である。彼は相互にほかに対して無用となってしまった道徳と自然認識の両者を統一しうる新たな普遍学の樹立を目指す。それが可能であるためには、ベーコンが主張したように、自然科学を実践の必要に適合させ、人間が自然を支配すること、それによって人類の福祉と道徳が向上する、ということでなければならない。この課題の実現のための足がかりを、彼は天文学的現象の数学的・力学的説明の方法のうちに見出す。

この方法のうちには、第一に「私たちの権限のなかにそっくりあるものは私たちの観念であり、これを除いてはなにも無い」ということ、第二に「私たちが明晰判明に認識するものはすべて真であり、それ以外のいかなるものも真ではない」という二つの前提が含まれている。明証的な思考と明証的でない思考との峻厳な分離によって、人間と自然的世界はともに二重化される。一方では、精神としての、純粋に思考する存在としての人間に対して、合理的・合法則的な対象、いわば一次性質の世界が対応し、他方、身体としての、感覚的存在としての人間に対して、非合理的な対象、いわば二次性質の世界が対応する。しかし、この二重性は決して固定的なものではない。非合理的な対象にしても、いずれは思考にとって合理的なものとして認識されることになるであろう。そうであるとすると、結局、世界を構成する物質のなかには、純粋思考の質料のほかにはいかなる質料もありえないのであり、物体は物体的様態における思想にほかならない、ということがわかってくる。そうであってみれば、合理的・合法則的な世界とは思考する存在としての人間にとっての生産物にほかならない。

デカルトが試みたことは感性的世界の疑われた真理を自分自身の思考から再び構成し直すことであった。そのためにこそ、世界から目をそむけ、自己の内面へ向かって退却すること、いわばアウグスティヌス的な自己内反省ともいうべき懐疑が彼にとって方法的に必要であった。しかし、『省察』第一における懐疑に関する考察を通して、第二省察において純粋に思考する存在としての自我に到達した地点から、再び世界を築きあげるためには、第三省察において神の存在が演繹されなければならなかった。何故なら、人間が認識によって自然を支配し、それを福祉と道徳の向上に寄与せしめうるためには、すなわち世界の解釈の変革がそのまま世界そのものの変革であるというオプティミスティックな見通しが成り立つためには、合理的な対象こそが世界の実体的な本質であり、非合理的な対象はいずれ解消されるべき仮象である、ということでなければならないし、さらにそのためには「神が法則を自然のうちに定め、その知識を私どもの精神に刻みつけた」ということでなければならないからである。神がいかさま師ではありえないとすれば、認識において人間の思想のうちに与えられる世界は実在していなければならない。

ここにみられるのは、神においては創造的な意志と被造物への洞察が一つのものであり、みずからが作ったものと真に認識可能なものとは互いに置き換えることができるという考え方、ベーコンの「知は力なり」という言葉のうちに実質的に含まれていた考え方である。人間は神の似姿として、あるいはむしろ「創造された神」として、認識と実践において自然的世界を再生産する。こうして、人間を地上の支配者たらしめようとする旧約の神の約束は近代においてこそ実現され、人間は一歩一歩完全性に近付き、神と等しくなるところまで進んでいく。

二、カント

近代の自然科学や形而上学は、その生みの苦しみの時期に、いかに教会との厳しい対立のうちに置かれたとしても、そのことはそれらが反キリスト教的なものであったことをただちに意味するわけではない。デカルトの思想が単なる思いつきではないとすれば、そのような思想は、新たな世界像の創始者たちのうちにも、はっきりと論理化されることはなかったにせよ、存在していたに違いない。事実、彼らは自分がキリスト教徒であることを疑ったことはなかったし、多くは神を遠い昔の創造者かつ世界測量者とみなす理神論者であった。自然的世界のうちにも神の理性的な法が可能的に存在しているということは、トマス・アクィナス以来、教会の公認理論となっていたし、天体が神の製作した機械であるというのは中世末期以来の常識でもあった。新たな自然の研究者たちは、ただアリストテレスやトマス・アクィナスとは異なった宇宙像を提出したにすぎなかったのである。彼らは、自然的世界のうちにも神の恩寵による秩序を見出そうとした。例えば、ケプラーは、神は測量術を行っており、それゆえに天体のすべての運動は数学的に決定できるのであって、「人が神を讃えるためには、自然の書物を読まなければならない」と述べているし、自然的世界をその神的創造者への関係からも、人間との結合からも解除したニュートンにとってもなお、世界体系の一般的法則性は神の超自然的な知恵の自然的な証左であった。

しかし、慣性の法則の発見によって、天体が運動するためには神が常に干渉している必要はない、ということになると、ニュートンにおいてすでにそうであったように、職人がその製作物から分離されるのと同じく、神は一旦世界を創造したのちにはそれから分離される、と考えることも可能となる。このような考えはカントによって最初に明確に表明された。彼は「神の実在を証明すべき唯一の可能な論拠」に関する一七六三年の論文において、宇宙論的・自然神学的な神の証明を批判し、ニュートン的な、つまり機械的な法則に従って動く世界はそれに介入する神を必要としない、ということを示そうとした。もし神が自然的世界に絶えず干渉しているとすれば、自然の運動は一連の奇跡となり、創造された世界が神から放任されれば混乱のみを生ずるだろうと仮定することは世界創造者の力と知恵を傷つけることになる。神的世界設計は自然を一旦創造した上は放任することができるということによって、その威力を証明するのである、と[19]。

カントもデカルトと同じように、キリスト教の信仰・倫理と、ニュートンによって完成された新たな世界像との調停を課題とし、また同じ前提から出発する。しかし、純粋思考がやがては世界を完全に征服するであろうというデカルト的なオプティミズムと汎合理主義はカントにはみられない。ドイツにおいては、ルターの宗教改革をも規定した神秘主義的・敬虔主義的な思想の底流が存在しており、それは《魂》の非合理的な力についての関心を呼び醒ましていた。デカルトにおける「主観性の発見」が、純粋思考としての、理性の担い手としての自我の発見だったとすれば、ドイツにおけるそれは、神聖なもの、美しいもの、高貴なものについての直観と郷愁を内に蔵した、溌剌として自発的な神の被造物としての《魂》の発見であった。

デカルト的な合理主義は啓蒙主義によって増幅され、まずルイ一四世風の絶対王政の、ついでフランス革命の指導理論となり、ついには「理性の独裁」の名のもとでのジャコバン派のテロリズムに行きついた。

カントには、デカルト的な合理主義は「独断論」であり、「純粋理性」の無制限な権利要求、越権行為であり、独裁であると思われた。こうして、彼によって「純粋理性批判」というかたちでのデカルト流の合理主義に対する批判が展開される。

彼においてもデカルトと同じように、世界は主観によって数学的・論理学的に構成されるが、しかしそれが可能なのは、経験によって与えられた範囲内においてであって、常に、経験しえず、したがって主観によっては構成され尽くさない残余、すなわち「物自体」が残る。こうして彼は、理性批判によってその有効範囲を限定し、「理性の越権行為」を排する。認識における自我と世界との完全な一致の可能性というデカルト的なオプティミズムが否定され、経験に与えられ、主観によって構成される現象と、そうでない物自体、という区別が固定化されると、そこから二つの帰結がもたらされる。第一に、世界の全体は決して経験に与えられることはないのだから、主観によって構成され尽くすこともない。それは「世界概念」、あるいは「宇宙論的理念」となる。すると、世界は存在するものの全体としてのギリシャ的なコスモスでもなく、また神によって創造されたが故に認識可能な被造物の全体でもなく、実在のなかに何の対応するものもない理念となる。神の存在の宇宙論的な証明を批判した彼は、それを道徳的な要請、つまり道徳が成り立つための条件として、「実践理性」の立場から導き出そうとする。こうして第二の帰結、すなわち「われわれの頭上の星しげき天界の機械的法則」と、「われわれの心のなかの道徳的法則」との区別、デカルトが統一しようとした区別が再び現れる。

デカルトによるキリスト教の信仰・倫理と近代の世界像および自然科学との統一の試みは、それに対するカントの批判を通じて再び解体する。しかしそのことは、近代の世界像が本来反キリスト教的なものだ、ということを意味するわけではない。むしろ、神が超自然的創造者として、世界に対して絶対的に超越的だからこそ、神のない内在的な世界体系も生じうるのであり、世界が神によって設計された機械のようなものだからこそ、その数学的・物理学的な構成も可能となる。しかし、神が自然的世界を一旦創造したのちには放任するのだとすれば、世界はそのなかでは神が何の役割も演じていない機構となり、聖書なしに純粋に自然科学的に読むことができるものとなる。そして、神の存在の宇宙論的証明が否定されるならば、人間はいずれ神なしでもすませることができるであろう。オーギュスト・コントが理神論者を定義して、短命のために無神論者になるだけの年月をもたなかった人だと述べたように、近代的世界像はその由来からいってキリスト教的であると同時に、その結果において反キリスト教的なものとなる。

しかし、神の存在が仮定されないならば、人間の主観によって構成される世界像には実在性が保証されなくなり、それと自然的世界そのものとの間には越え難い深淵が生ずる。エディングトンやハイゼンベルクが言っているように、近代の自然科学が自然のうちに発見するものは、もはや自然そのものではなく、科学者があらかじめ用意する仮説的な知識だけである、ということになるし、またレーヴィットの意地の悪い言い方を借りれば、近代の自然科学者は自分の研究の外においてのみ自然のなかで生きている、ということになる。そうだとすると、自然認識からは真理性が失われ、ただ有用性だけが残る、ということにならざるをえないであろう。

人間が自然科学的な認識の成果を実践に適用して自然の支配者となるという発想も、その由来からすればキリスト教的なものである。人間が神の似姿として自然よりは神に親近であるからこそ、いわば神の代理者として自然を認識し、支配することができる。人間が世界の建築設計を洞察し、材料を与えられるならば、自分でそれを作ることもできるであろう。もし人間が神から全権を委任され、さらに神なしにもやっていけるのだ、ということになれば、人間が代わって神の座に坐り、自然の全き支配者となることもできる。こうして、近代の人間主義が生まれる。

第三節　自然的世界と歴史的世界の分離

近代においては、人間が自然から理解されるのではなく、逆に自然が純粋思考としての、あるいは認識主観としての人間から理解される。そしてまた人間は、神の被造物として神から理解されるのでもないとすれば、人間は人間自身から理解されるほかない。こうして人間の世界が独立し、それはますます歴史的に理解されるようになる。このような人間的・歴史的世界の独立化という事態は、自然科学的思惟の発展と相補的なものとして出現する。パスカルは三つの不同の秩序として「機械的に作成された物体界の秩序」、「人間の精神の秩序」、「神的愛の秩序」を区別したが、カントにおいては「われわれの頭上の星しき天界の機械的法則」の世界と、「われわれの心のなかの道徳的法則」の世界との二つが区別され、「神的愛の秩序」は後者の条件として、そのうちに繰り込まれる。自然と人間のこのような分離と、そして人間や人間の精神・道徳を歴史に内属するものとして理解する思想は、デカルトの敵対者たるヴィーコによってはじめて明確に表明された。

デカルトは明証的なものと明証的でないものとの峻別という前提から、真に確実な知識は数学的自然科学の対象だけであり、歴史についてはそれが物語や伝承・意見や習慣にもとづいた知識であるが故に、何らかの程度で錯覚を含んでおり、何一つ真に知ることはできないのだ、と考えた。これに対して、ヴィーコはデカルトとその前提を共有しつつ、結論を逆転する。自然界は人間がつくりだしたものではなく神が創造したのだから、それについて完全な知識をもちうるのは神だけである。人間にとって確実な知識は、人間があたかも神のように自分の対象を自由に創造する数学的抽象の領域に存在するが、それは単に考え出されただけのもので、何ら自然的・実在的な基礎をもつものではない。他方、人間はみずからの精神をもってつくりあげた対象として市民的世界とその歴史をもつ。これこそが人間にとって確実な知識をもつことのできる対象であり、哲学であるとともに人類の歴史でもある「新しい学問」のテーマである、と。[20]

世界を自然的世界と歴史的世界に二分し、人間をもっぱら後者から理解しようとする思想、すなわち歴史主義は、最後にディルタイの次のような言明によってその結論に達する。「われわれは人間の生活に自然の世界のいかなる意味をも持ちこまない。そしてわれわれは、意味と意義が人間とその歴史においてはじめて成立するという可能性を拒まない[21]」。

第五章　歴史主義の成立

第一節　フランス啓蒙主義の進歩史観における終末論の世俗化

自我と世界との完全な一致の可能性、したがって人間が認識によって自然を支配し、福祉と道徳を無限に向上しうることを確信するデカルト的なオプティミズムから、今日一般に進歩史観として知られる一八世紀フランス啓蒙主義の歴史観が直接導き出されうる。それは自然科学の発展に対応して形成された近代の形而上学を歴史の領域に適用しようとする試みであるとともに、そのことによってキリスト教の終末論的歴史思考を世俗化（Secularization）されたかたちで復興する。

ルイ一四世の宮廷付司教であったボシュエがまず一六八一年の『普遍史叙説』において、神によって定められた予定調和という観念を歴史に適用し、歴史を終わりに向かって押し進めていく神の摂理は、一見無秩序に見える人間の盲目的な行動が、知らず知らずのうちに神の計画に奉仕するというかたちで実現されるのだ、というのちのヘーゲルの「理性の狡知」という考え方を思わせる思想を展開して、摂理の観念を世俗的世界の歴史へ向けて一歩近付けた。

ヴォルテールは、ボシュエに反対して、神の摂理を人間の理性によって置き換え、歴史思考の世俗化を一層押し進めたが、それによって、歴史は理性と非理性の対立において理解されることになる。無秩序を通して神の摂理が実現するとするボシュエの思想においては、天国と地獄を同一視するヘーゲルのそれと同じように、原理的に悪の可能性が否定されてしまう。それに対して反教会を標榜するヴォルテールの方が、「神の国」と「地上の国」の対立というアウグスティヌス的な二元論を、理性と非理性の対立という世俗的なかたちにおいて復興することになった。

ついでルイ一六世のもとで農相を務めた重農主義者テュルゴが調停役を買ってでる。彼は神の摂理の御手はある法則を通して世俗の歴史のうちに実現されるとし、その法則とは啓蒙と蒙昧、善と悪の間の争闘を通じて、人類の歴史が「たとえ徐々にであるにしても間断なく、よりすぐれた完全性へ向かって進歩していく」という法則であると主張した。そして、彼のいう蒙昧とは神話や形而上学の残存物、啓蒙とは数学的・力学的思考の普及、すなわち理性の力の増大ということであった。

他方、同じ頃、ヴォルテールの弟子を自認するシャトリュは、同様に歴史を進歩の過程とみなしながらも、テュルゴとは異なる基準を立てていた。彼は道徳と自然科学の一致というデカルト的理念、および重農主義者たちが注目した「生産力の発展」という観点に従って、歴史の進歩の方向を個人の福祉と生きるために強制される最大労働量との比率によって定まる「最大多数の個人の幸福」の増大のうちに求めた。

進歩に関するテュルゴ的な基準、すなわち理性の力の増大という基準と、シャトリュ的な基準、すなわち生産力の発展による幸福量の増大という基準を総合し、進歩史観をより世俗化して仕上げてみせたのが、フランス革命中、ジロンド派の刻印を押されて自殺したコンドルセの『人間精神進歩史』であった。[22]

それを承け継いだサン・シモンは、みずからの「社会＝物理学」にもとづいて、奴隷経済＝古代、封建制＝中世、資本主義＝近代という世界（＝世俗）史像を提出し、これまでの歴史は主人と奴隷、貴族と平民、領主と農奴、地主と小作、有閑者と勤労者といった二つの階級の間の争いであり、それは人間に対する支配がものの管理によって取ってかわられるような、階級も支配もない社会へ向かって進歩を続けているのだと考えた。

さらにその弟子のオーギュスト・コントは、その実証社会学の構想を神（話）学――形而上学――科学という人間精神の三つの発展段階の最上位に位置せしめた。近代社会と近代科学とによって、神学と形而上学とを基盤とする人類発展の段階は現在とは断絶した歴史的事実としての過去となる、自己自身を自覚し、神学と形而上学との桎梏から解放された人間は、近代科学を集大成する実証社会学によって、人類の完成に向かって歩を進める、コントはそのように主張した。[23]

啓蒙主義者たちの歴史思考を通じて、キリスト教的な歴史像が世俗化された姿において復興する。すなわち「神の国」は「啓蒙と幸福」に、「悪魔の国」は「蒙昧と悲惨」に置き換えられ、そして「世界の終末」と「最後の審判」は革命のうちに求められるようになる。「啓蒙と幸福の王国」はサン・シモンのように未来に設定されようと、またオーギュスト・コントのように現在に設定されようと、それが世俗的に翻案された「千年王国」、「神なき神の国」たることに変わりはない。

しかしこのように世俗化された終末論は、ユダヤ＝キリスト教的な意味での、すなわち神と人間との対立と交わりについての思考としての本来の終末論ではない。なぜなら、ここでは文字通りの世界の終末ではなく、歴史の内部でのその完成が問題となっているからである。それはいわば旧約のそれにも似た「歴史完成思想」である。その場合、理性は歴史の内部で作用するとしても、それ自体は超歴史的なものであり、ヘーゲルにおけるように、理性と歴史が同一視されることはなかった。理性は歴史を評価するにあたっての超歴史的基準であって、両者の対立が歴史の内部では理性と非理性の対立となる。啓蒙主義の歴史像は近代の自然科学的世界像がそうであるのと同じように、その起源においてはキリスト教的であるが、その結果において反キリスト教的なものとなる、というヨーロッパの近代思想一般に共通する性格をもつ。

第二節　ドイツ歴史主義における「実現された終末論」

人類にとって普遍的な真理と価値の体現者を自任するフランスの啓蒙主義は、ヴェルサイユ宮殿に象徴される絶対王政から、フランス語・フランス文学に至るまでのものが全ヨーロッパで模倣された「フランス・モードの世紀」たる一八世紀に、全ヨーロッパに広められたが、ルイ一四世の絶対王政における中央集権や官僚主義とその合理主義を共有するが故に容易に同一視された。一方では、それはフランス風の国家と文化やモードを移植しようとする啓蒙専制君主によって好意的に受容されたけれども、他方では随処でさまざまな反発を惹き起こした。ドイツにおいてはそこから二つの思想運動が発展し、やがてそれらは合流する。

第一に、先にカントに関連して触れたように、ドイツ・ミスティーク以来の伝統の上に、《魂》の発見に始まる運動が展開する。そこから自由と力についての感情が呼び覚まされ、それは詩と音楽のうちにもっともふさわしい表現手段を見出すとともに、啓蒙主義者たちが非合理しかみないところに、美的な、あるいは倫理的な価値を発見しようとする努力を喚起した。ロマン主義も歴史主義もそこに淵源をもつ。

第二に、フランス風の絶対王政と世界市民主義に対する反発のなかから、フランスの脅威にさらされていたスイスにおいて、民族についての新たな観念が発芽する。それはフランス風の退廃したモードに抗して、中世の、あるいは蛮族時代の純粋や自由を回復するものとして、スイスの郷土愛（パトリオティズム）の信奉者たちによって構想され、やがてドイツに移された。そうした純粋や自由は、ヴィンケルマンによって「聖なるギリシャ」に求められたり、ユストゥス・メーザーによって蛮族時代の本来の真の民族たるサクソン民族のうちに求められたりした。古ゲルマン以来、古い制度が破壊されることなく、その上に新しい制度が次々と堆積されていったような、オスナブリュックの司教領に生活していた彼にとって、いつとも知れない昔から伝承されてきた慣習は、それとして明文化されることなく、しかも人々の生活を秩序付けるものであって、それを彼は啓蒙主義者の理性に対置して「地方的理性」として称揚する。彼においては歴史主義はいわば生活感覚そのものにほかならなかった。

《魂》についての敬虔主義的な感覚と民族の観念、そして歴史的なものについての感覚はヘルダーにおいて一つの総合を見出す。「ナチオナリスムス」という言葉をつくったのはほかならぬヘルダーであって、彼は民族のなかにも一つの魂、すなわち《民族精神》を認める。それは民謡や民話において表明されているものであり、彼にとっての民族の概念は、民衆主義的であるとともに、なによりもまず文化的なものであった。彼は民族やその歴史に対して共通の尺度をあてがい、審判を下そうとする啓蒙主義者の世界市民主義や進歩史観に反対して、各民族や各時代にはそれぞれの個性と固有な理想の規範があることを認める。

民族とは個性的なものであるとともに自然的なものであって、あたかも植物のように内的発展を遂げる。こうして彼は宇宙的・地質学的・生物学的な進化の頂点に、種々な民族によって構成される人間の歴史を置く。他方、ワイマール公国の高位聖職者でもあった彼は、歴史を世俗化することによって聖なる歴史を廃棄した啓蒙主義に反対し、再びそれを聖化する歴史神学を構想する。個人の魂が神の被造物であるのと同じように、民族精神もそうであり、したがって諸民族とその発展は摂理によって予定された秩序に従う。だから、諸民族はそれぞれ個性的でありながら同時に普遍的な人間性を共有する。また、彼は諸民族の歴史、その興亡を漸進的な啓示の諸段階として理解する。このようなヘルダーの歴史神学的な構想が、諸民族の間を遍歴しつつ自己を開示する《絶対精神》というヘーゲルの歴史哲学の構想の下地となった。さらに彼はかつての聖霊主義者と同じように、歴史の終末における「聖霊の王国」の到来を予測するが、他方では「各時代は神に直接する」と考えたランケと同じように、神の前ではすべての時代に平等に救いの可能性が与えられている、とも考える。[24]

《魂》と民族の発見に始まり、個性と自由と力の感覚によって導かれるドイツの運動はロマン主義と歴史主義の共通の地盤であり、またほかのさまざまな領域にも浸透していった。それは、戸口も窓ももたず、自分自身の内なる独自の性質に従って発展するモナドというライプニッツの概念にみられるように、哲学の源泉ともなり、また法の妥当性の根拠をフランス啓蒙主義流の自然法にではなく、民族の歴史的生のうちに求める歴史法学派の志向をも規定している。民族の概念は、最初は文化的なものにすぎなかったが、フランス革命とナポレオン戦争を経て一九世紀に入ると、ドイツにおける民族国家建設の運動を通して、政治的な性格を帯びるようになる。そして歴史主義もランケにおいて最高度に洗練された姿を呈示する。

ランケにとっての関心の対象は、ヘルダー的な、すなわち民衆主義的で文化的な民族ではなく国家であった。しかし彼は、それを現実政治的にだけではなく、倫理的・理想主義的な観点からも考察する。[25]そのような観点からすれば、国家においては現実的なものと精神的なものとが個性的なあり方で不可分に融合しており、政治の世界で利害に従って行動する人間たちは、眼に見えない精神的な力によって動かされている。このような精神的原理、国家の内的な生命は、ランケによれば「神の思想」である。ここにみられるのは、聖霊主義におけると同様な、歴史における神の超越と内在の独得なバランスである。一方では、マイネッケをしてランケの立場を「世界内在神話」と呼ばせたように、神は思想として国家の内的な生命となり、歴史に内在する。しかし、他方で彼は神を絶対精神として全く歴史に内在せしめ、かくして天国と地獄を同一視したヘーゲル流の考え方を汎神論として拒否する。もし神が人間の悪や盲目をも利用してその意志を貫徹するのだとすれば、神は「詐術」を行っていることになろうし、神が全く歴史に内在し、歴史過程そのものが聖化されるとすれば、歴史の担い手たる人間はいわば「生成しつつある神」とみなされることになるであろう、と彼は考える。また、歴史における神の導きの手を逐一論証しようとするヘーゲル的な試みは、ランケにとっては不敬であり悪魔的な企てに思われた。「歴史は不完全にしか理解されない神の示顕の記録」であって、神は常に人知をも歴史をも超越した存在である。

このような信仰がランケの歴史思考の全体を規定している。例えば、第一に、彼は歴史研究の目的は「事物が実際どうであったかを示そうとするに過ぎない」と主張するが、その事物は被造物として「神の息吹き」に充たされたものであるはずであって、だから歴史家に対して「事物の殻をとり去って本質に到達しなければならない」ということも要求される。ここにみられるのは、マイネッケが「予測と認知の内面的な結合」と呼んだような思考方法にほかならない。

第二に、彼にとっては、個別的なものは神に親縁な共通の生の根源に根ざすかぎりにおいて普遍的なものでもある。「すべてのものは普遍的でしかも個別的な精神的生命にほかならない」。すべての個別的なものには、普遍的なものへと上昇しようとする欲求が存在しており、普遍的なものとは、その時々に見られるすべての歴史的個別性のうちの最高のもの、つまりすべてのそれ以外の個別性を包括する個別性にほかならない。このような普遍的な個別性を、彼は民族や国家ではなく「ロマン＝ゲルマン民族」たる西欧諸民族の共同体のうちに見出す。

第三に、彼は「先行する時代はただ後続する時代の運搬者にすぎない」とする啓蒙主義的進歩史観に対して、神の正義という観点から反対する。神の前においては時間というものが存在しないが故に、神は歴史上の全人類をその全体において見通しているのであって、神の前においては人類のどの時代もすべて平等の権利をもつ。したがって歴史家もまた事柄をそういう眼で見なければならない。「私は主張する、各時代は神に直接するものであり、その価値はそれから派生し来るものが何であるかにかかるものでなく、それが存在そのもの、当のそのもの自体のなかに存在するものであると」[26]。

確かに啓蒙主義者が注目したように、物質的な方面、すなわち自然の認識とその支配に関しては、直線的な発展としての進歩が認められるとしても、それは一つの部分にすぎない。神によって「植えこまれた法則」によって、個別的なものは固有の発展を遂げ、それらはそのつど一つの時代において精神的な一般的結合体をなすけれども、時代の変遷のうちに認められるものは、直線的な進歩でもなく、またある論理形式に従う理念の自己展開でもなく、支配的な傾向という意味での指導的理念の交替である、と彼は考える。[27]

フランス啓蒙主義は摂理の観念を理性と幸福の増大という進歩の法則に変形し、またそれによって終末論を世俗化して歴史完成思想に変えた。ドイツ歴史主義はそのような思考との対立を通して自己を形成したが、それは、一般にそう言われているように、進歩の観念において、世俗化されながらも啓蒙主義のうちに保持されていた終末論的な思考そのものをも否定し去ってしまったのだろうか。終末論が救いについての教えであり、そしてヘルダーやランケの歴史思考の根底にはある救済宗教が据えられていることが明らかである以上、私たちにはそのようには思えない。ヘルダーのうちには「聖霊の王国」としての終末についての予測があるし、またランケは、それとして明言しないまでも、実質的にはキリストの出現以降を終末の時とみなしている。「キリスト教の出現が真正の道徳と宗教とを齎して以来、この方面においては最早何等の進歩も現れ得なかったのであり、しかもキリスト教の本質的なるものは、それ以前の不完全なる状態によって準備せられていたわけではなく、キリスト教は一つの突発的に出現した神的なる現象なのである」[28]と述べているからである。

西欧諸民族の共同体たる「ロマン＝ゲルマン民族」という概念も、「神の民」たるキリスト教徒民族というエウセビオスの概念にまでその源流をたどることが可能であろう。彼が、キリスト以前の時代、およびヨーロッパ以外の諸民族の歴史に対して、さしたる関心を払わなかったことも、理由のないことではない。だから、「各時代は神に直接する」としても、それは終末の時たるキリスト以降、しかもキリスト教徒民族たる「ロマン＝ゲルマン民族」においてのみそうなのであって、そこでの救いの現前を信ずるランケの思想は、パウロ的な「実現された終末論」、あるいはそれを復興しようとしたルターの思想に親近なものを感じさせる。[29]

他方、フランス啓蒙主義の歴史像は、近代的世界像の成立と、デカルトによって樹立された近代の形而上学によって根本的に規定されているが、比喩的にいえば、地上における人間の支配へ向けての歴史の完成という観念において旧約的であり、それを可能にするものとして、自然的世界のうちに人間にとっての恩寵の秩序を認める点において理神論的であり、歴史のうちに理性と非理性の対立を認める二元論においてアウグスティヌス的である。フランス啓蒙主義の進歩史観とドイツ歴史主義とは、救済史と世俗史の結合、すなわち終末論の世俗化の過程に共通の根源をもつ、その対立しあう二つの形態なのである。

第三節　ドイツ歴史主義における政治主義的潮流

ランケ以降、ドイツ歴史主義は政治主義と実証主義への両極分解の傾向を強め、そのことを通して歴史主義の危機が表面化する。

ランケは「水先案内が航路だけでなく船を知らなければならないように、政治家は彼の国家とその歴史を知らなければならない」と述べ、歴史の研究はおのずから政治に役立つものだと考えていた。事実、彼はプロイセン政府の半官的な史家として、歴史を政治目的に利用したこともあった。しかし、政治と歴史の間にこのような予定調和を仮定するランケ的なオプティミズムは、彼の活動した時代、すなわち一八一三年の解放戦争によるナポレオン戦争の終結から、一八四八年の革命によって動揺を開始するまでの、ウィーン体制下での政治的小康状態のもとでのみ可能であった。

この間、国家の民主化は君主政体のもとにおいても中間階級の線までは序々に進行し、しかもなお大衆化されることはなかった。ナショナリズムはまだ個人主義や民主主義との蜜月の状態にあり、国家は次第に国民と同一視されるようになったが、その国民は絶対王政期における君主と国家の同一視の伝統に従って人格化され、ちょうど個人の間の利害に自然的な調和があるのと同じように、矛盾しあうことなく発展していくものと考えられていた。しかもそのような観念は、政治と経済の分離という都合のよい仮定のもとで、政治的ナショナリズムと経済的インターナショナリズムが共存することによって支えられていた。ランケもまた同時代の多数の思想家たちとともに、このような時代に特有なオプティミズムを共有していた。

一八四八年の革命によって国家と国民の同一視は一層進行するが、ドイツにおいては、それは自由主義者たちの期待を裏切って、ビスマルクの力の政策によってのみ可能となった。自由と力の幸福な統一は破れ、一八七〇年の普仏戦争以降、諸国民の間の予定調和という居心持のよい信仰も崩れる。しかもビスマルクは社会主義運動を非合法化する一方で、社会政策の実施によって国家を上から社会化するという、レオポルト・フォン・シュタインやラサールの構想を取り入れ、それを実現していった。国家の社会化によって国家が国民の集団的利害の道具になり、ナショナリズムが政治の領域から経済の領域に進出し始めるとともに、レッセフェール（自由放任）国家は社会奉仕国家によって、中間階級の優越は大衆の優越によって、自由民主主義は大衆民主主義によって取ってかわられ、単一の世界経済は対立しあう多数の国民経済に分解する。これらが一九一四年の破局を準備し、世界戦争に諸国民の総力戦という性格を刻印する条件となった。[30]

もともと歴史の研究がナショナリズムと手に手を携えて発展し、歴史叙述が政治家となるための資格の一つともなっていたドイツの、しかも多くの場合、実際に政治家でもあったドイツの歴史家たちが、このような状況の推移を深く呼吸しないはずはなかった。ランケは「生活が科学に働きかけること」ではなく、「科学が生活に働きかけること」を求めたが、そのような一方通行だけが可能なはずはなかった。こうして、歴史叙述をもってナショナリズムの福音を説き、ホーエンツォルレルン家（ドイツ帝国の皇帝の家系）を栄光化する一群の歴史家が登場する。彼らは、ドロイゼンやトライチュケのようなプロイセン学派のほかに、ギーゼブレヒトやジーベルのようなランケの弟子によって構成され、ドイツ民族とその歴史を聖化することによって、ナショナリズムの神話の創造に参与するとともに、力を倫理化することによって、ビスマルク以降のドイツ帝国の権力政治を美化する。

彼らを支えていたのは、「巨大な伽藍、古い都市の城壁、苔むした城、神話や民謡のなかでわれわれに話しかける遠い時代の研究が、単一の強力な国家を回復しようと熱心に望んでいるドイツ国民の一致に貢献する」（ギーゼブレヒト）、あるいは「祖国の喜びや悲しみを自己のものとして感ずる毅然たる心情のみが歴史叙述に真実さを与えることができる」（トライチュケ）というような感情であり、こうした感情は彼らを駆り立てて、キリスト教信仰をもナショナリズムに同化せしめる。彼らも、例えばドロイゼンのように、「歴史からわれわれは神を理解することを学ばねばならぬ。われわれは神のなかにおいてのみ歴史を理解することが出来る」とし、「神の計画は国家生活における国民の協同において現れる」と考えたが、その国民とは端的にドイツ民族であって、もはやランケにおけるような「ロマン＝ゲルマン民族」ではなく、したがって「キリスト教徒民族＝教会」というエウセビオス以来の概念との連続性は断ち切られている。むしろそれは「選ばれた神の民」としてのユダヤ民族という、あの旧約における民族の概念に近づく。こうして、ドイツ民族の「神によって定められた世界史的使命」（ギーゼブレヒト）、「国民的天職」（ドロイゼン）、あるいは「神の定めたプロイセンの使命」（トライチュケ）が語られ、東方植民をはじめとするドイツ人の過去の事蹟がそうした観点から理解されるとともに、現実のドイツ帝国の対外政策も美化、あるいはむしろ聖化される。それとともに、ランケにおいては保たれていた、歴史における神の超越と内在という微妙なバランスも崩れ、むしろ神は民族との一体化によって、全く歴史に内在せしめられる。また、それによって摂理と歴史が同一視され、「歴史的必然」（ドロイゼン）という観念が強調されるようになる。こうしたこととともに、自由と力の間の破壊された均衡は力の讃美によって修復される。ドロイゼンは、そのヘレニズム史の研究において、古代ギリシャのポリス的自由は、むしろその退廃と無秩序の要因であり、それはアレクサンドロス大王の力の政治によってのみ克服されたとして、力を文化にとって欠かせない装備だとしたが、トライチュケはさらに、戦争こそが国家間の正常な関係、民族の若々しさの源泉であり、神の審判である、という中世的、あるいはむしろ古ゲルマン的な観念をもちだすことによって、力の政治を倫理化し、また神聖化した[31]。

第四節　ドイツ歴史主義における実証主義的潮流

ドイツ歴史主義の政治主義的な潮流が政治や思想の表面に華々しく登場する一方、もう一つの極では、歴史研究の目的は「事物が実際どうであったかを示そうとするにすぎない」というランケの学風を忠実に継承する地味な研究が、文献批判による事実の探索というかたちで営々と続けられていた。各地の大学には、あくことなき史料探索と分析・批判に青春の情熱をぶつけることが全く当然のこととして受け入れられるような環境が保たれていた。そうした学派の雰囲気を、みずからもそのなかで育った中世史家のハインペルは次のように伝えている。「二〇世紀初頭における南ドイツ市民階級出身の歴史学生の教養のなかにはレーニンはおろかヘーゲルを読むという習慣すら稀にしかみられなかった。彼らを動かしていた感情は、若い実証史家に特有な、偽りの謙虚さと自負のいりまじった気持に他ならなかった」と。[32]

このようなアントーニのいわゆる「ペダンティックな実証癖」は当初全く無害なもののように見えたけれども、そして当人たちは最初少しもそれに気付かなかったのだが、きわめて重要な思想的・方法的な問題を提起することになる。というのも彼らはランケの学風を忠実に継承していると思いこんでいたにもかかわらず、実際には、ランケをして事実の探究へ向かわせた宗教的・倫理的な動機を欠いていたからである。ランケはかつて「哲学的および宗教的関心が薄い」という非難に答えて、「この関心こそが自分を歴史に引きつけたのだ」と言明したことがあった。ランケの実証主義的な後継者たちにおいては、このような関心と動機が欠けており、その空白がペダンティシズムによって代替され、埋められていたのであり、それとともに、ランケの研究を支えていたすべての前提が崩壊する。ランケにおいては、歴史上の事物は「神の息吹き」に満たされており、したがって事実の探究は「神の証明」であり、また「魂を浄める神聖な事業」であったが、実証主義者たちはこうした宗教的な前提を捨て去ることによって、事物がそこから意味と価値を汲みとっていた源泉を、ひいては歴史を理解する基準を失う。こうして認識論的には懐疑主義への、倫理的にはニヒリズムへの道が準備される。

デカルトにおいて、自我と対象の一致というオプティミスティックな確信を支えていたのは、自我が神の似姿であるとともに対象は神の被造物であるという信仰、そして創造と認識の一致という観念であった。ランケもまた明言してはいないけれども同様の前提を共有していたはずであり、さらにまた歴史を終末の側からみるという終末論的な思考をも保持していた。この前提が捨て去られるとともに、自我と対象の一致という確信も崩壊する。しかも、終末論的な視点からする歴史の統一が破壊されてみると、歴史認識の対象たるや、新たな研究によって果てしなく拡がる事実の大海にほかならないのであって、そのような対象についての一義的・不変的で客観的な構成といったものは不可能であることが明らかとなる。歴史事象の大規模な総括は常に新たに記述され直されねばならない。そして事実の理解における宗教的・倫理的な基準の喪失とともに、事実の意味はもっぱらほかの諸事実との、ひいては諸事実の全体との関連のうちに開示される、という相関主義（Relativism）が一般的となる。

そうなると、現在と過去との、また自我と対象との関係もまた問題とされるようになるのは当然の帰結であった。自我と対象との関係が問題視されるようになるや否や、研究者は認識において、必ず何らかの問題設定を、対象とする時代には存在しなかったカテゴリーを、そして何らかの図式を対象のなかにもちこむものであるという事実が意識されざるをえない。そうしてみると、歴史が繰り返し総括されねばならないというのも、ただ事実の大海が果てしなく拡がるからだけではなく、そのつど総括の中心も移動するのだということ、そしてそれは研究者の置かれている時代的状況や階級的立場によって制約されており、結局、風景が見る者の眼の位置によってそれぞれ異なった姿を示すのと同じように、対象は研究者の立場によって拘束されつつ構成されるのだ、ということが自覚され、こうして「立場的被拘束性の理論」、あるいは遠近法主義（Perspectivism）が登場する。[33]

さらにまた、実証主義を通じて価値の相対化が起こる。ランケは「神の正義」という観点から、各時代は神に直接し、人類のどの時代もすべて平等の権利をもつと述べたが、その前提となっていた独得の救済宗教が失われるや否や、各時代のさまざまな理想・価値観を評価する基準が失われ、ついには、倫理・道徳は時代によって異なるのだとして、価値の多元化と道徳における相対主義に陥る。そうすると、倫理は諸個人の良心にではなく、歴史にその根拠をもつ、ということになるけれども、過去と現在とを問わず、個人のうちに等しく人格と良心を認めることが倫理の成り立つ条件であり、その意味でそれは本来普遍性を要求するものだとすれば、倫理の歴史化によるその相対主義化は、もはや倫理ではなくニヒリズムの一形態にほかならない。

このような実証主義的な精神態度は、一九世紀末以降、相対主義・懐疑主義・ニヒリズムをもたらすものとして、多くの哲学者や神学者によって手厳しく論難されるようになる。ニーチェはそれを「歴史病」と呼び、トレルチは意志と生命の麻痺をもたらす「無制限の相対主義」、「悪しき歴史主義」と呼んで告発した。またトレルチはランケ的な歴史思考からそれを厳しく区別し、「逸脱した歴史主義」とも呼ぶ。そもそも「歴史主義」という言葉自体、こうした告発や論難のなかで、またそのために生みだされ、普及していったのであった。それとともに「歴史主義の危機」が叫ばれるようになるが、それは第一次世界大戦によって惹起されたドイツ・ナショナリズムの危機と密接にからみあっており、このことをホイシーは次のように述べている。

「歴史主義の危機は、『歴史主義』という標語の流布を通じて特徴づけられる危機であり、そしてこの標語たるや、その不明瞭で漠然としたさまを通じて、およそ一九二〇年から三〇年までの精神的状態の混乱を可能なかぎり鋭く、印象深く現れさせたものである。私たちの世紀の二〇年代の状況にとっては、『歴史主義の危機』という表わしかた以外には適当な言いかたは存在しない。この表わしかたは、この状況そのものに根拠をもっており、そしてこの時代の精神的危機の本質的で、しかももっとも内面的なものに、的中しているのである[34]」。

第六章 歴史主義の危機と積極的な歴史主義の登場

第一節　歴史主義の危機とドイツ・ナチズム

第一次世界大戦は誰も予期しなかった長期戦となり、総力戦となった。それに耐ええなかった国家は、例えばロシア帝国やオーストリア＝ハンガリー帝国のように、崩壊の運命を甘受しなければならなかった。それに対してドイツは、敗北したとはいえ、ビスマルクに始まる国家の社会化を基礎に、典型的な戦時統制経済を実現し、それは、レーニンが率直に認めているように、ロシア帝国崩壊後の内戦の過程で、ボルシェヴィキ政権が赤軍への補給の体制たる戦時共産主義を樹立するための模範としたほどであった。そして第一次大世界戦後の混乱期に、ドイツの戦時統制経済とボルシェヴィキ政権との双方の経験から学んだのがイタリアのファシズムであり、それを大恐慌後の混乱に適用してみせたのがドイツのナチズムであった。

国家の社会化の過程は、思想的にはナショナリズムと社会主義の結合というかたちをとる。ドイツにおいては、社会問題とキリスト教的倫理の調和を目指して、宮廷牧師のシュテッカーが古きプロイセンの「キリスト教的・ゲルマン的」理想を鼓舞し、「ユダヤ的」な、すなわち資本主義的・拝金主義的な精神を排撃して、「キリスト教的・社会的労働党」を建設しようとした頃からこうした動きが始まる。ついで一九世紀末に、キリスト教・民主主義・帝国主義の間の「国民的社会的同盟」を提唱したフリードリッヒ・ナウマンによってはじめて「国民社会主義」という言葉が語られるようになった。ナチズムはこうした思想的雰囲気のもとで、戦時統制経済の経験を基礎に台頭する。

ナチズムとドイツ歴史主義との関係について、私たちはいくつかの点を指摘しておかなければならない。歴史主義の政治主義的な潮流がナチズムにおけるドイツ・ナショナリズムの破局と運命をともにしたことはいうまでもないが、実証主義的な潮流もまた、みずから意図することはなかったにせよ、相対主義および懐疑主義・ニヒリズムの蔓延を助長することによって、ナチズム台頭の露払いの役割を務めた。リヒトハイムが言っているように、「かれらのあるものは、イデオロギーというものはどれをとってみてもよかれあしかれ同じだという理由で、その後まもなくファシズムに転向した[35]」。認識論的な懐疑主義にうんざりした人々は、直観的了解の方法を武器として、かえって狂信におもむく。この点についてははなはだ示唆に富んでいるのは、ベルンハイムが一九二一年に書いた『歴史とは何ぞや』であり、その序で彼は次のように述べている。

「歴史哲学の著者に於ては、歴史事実の認識可能性に対する盲目的懐疑が勢を逞うして居る。人々は専門的に練り上げられた精細な作品を蔑視し、歴史の素材をば、指導的理念の手段で、直観的な形体にぶちこんでしまう[36]」。

ベルンハイムが念頭に置いているのは、彼が「表現主義史観」と呼ぶ、シュペングラー『西欧の没落』のうちに示されたような歴史思考のことである。シュペングラーはその著作において、複数の文明を比較対照しつつ、その「類型・テンポ・意味・結果」の直観的了解を目指す。それは西洋文明の没落を予言することによって、フランス流の、またのちにはアメリカ人の一般的な信念となった進歩史観と鋭く対立するが、他方ドイツ歴史主義とは多くの点で発想をともにしている。例えば彼の想定する《文明》は、ちょうど生物と同じように、生まれ、成長し、そして老衰・死滅してしまうが、このような観念は明らかにヘルダーの植物的な民族の概念、およびドイツ社会学や歴史経済学派に濃厚な有機体的社会概念、すなわちベルンハイムのいう「生物学的唯物論」と親近性をもっている。また彼は自然は科学的に取り扱わなければならないが、歴史に関しては仮作しなければならないとして自然と歴史を対比し、歴史認識の方法を自然科学のそれと対立させる。にもかかわらず、対象たる諸文明が生物学的に理解されている以上、その認識は自然主義的なものとなるし、歴史の「類型・テンポ」の把握はやがて「傾向・法則」の把握へ進み、みずから自然科学的方法に同化していく。彼が予言を可能と考えるのも、そのような思考過程を背後にもっているからにほかならない。

カール・ポッパーが歴史主義を定義して次のようにいう時、念頭に置かれているのはシュペングラーのこのような思考態度であった。「わたしのいう《歴史主義》とは、歴史的な予測が社会諸科学の主要な目的であり、またその目的は歴史の進化の基底に横たわる『律動』や『類型』、あるいは『法則』や『傾向』を見出すことによって達成しうると仮定するところの、社会諸科学に対する一つの接近法である」[37]と。ポッパーは彼が批判の対象とする《歴史主義》の核心を「全体論〔ホーリズム〕」に求めているが、同様にベルンハイムも一九二〇年代の状況において、「全体性哲学」の台頭に注意を促している。「全体性哲学」とは「一切の人間共同体に於ける個人を目して、有機的な部分作用、其ら共同体に於て活動する一個の全体なるものの部分とする」ような思想であり、「全体性諸概念から出発して事実を本質上演繹的に取扱うやり方」によって、実証主義における相関主義を一挙に乗り越えようとする。[38] それが「全体性原理(Totalitätsprinzip)」をひっさげて登場したナチスの「全体主義(Totalitarismus)」に、その発想と概念を提供したことはいうまでもない。

「全体性哲学」の登場を促した条件として、次のような諸点を挙げることができよう。

第一に、ホイシーが指摘しているように、相対主義や懐疑主義・ニヒリズムの克服のために、形而上学と「ジンテーゼ」(総合)を目指して、「一九世紀的な思惟の決定的な克服へと向かって突進する運動」が、大戦中から、とくに大戦後になって進行したこと。

第二に、その場合、全体性の概念にモデルを提供したものの一つは生物学的な有機体の概念であって、オットー・ブルンナーが注目しているように、それはすでに中世末期の聖霊主義のうちに原型があり、近代に入っても社会的・歴史的な諸学科のうちに長らく存続してきたものである。そこでは世界精神・人間精神・時代精神・民族精神、あるいは階級意識が語られ、またその身体としての社会や人種・民族・階級の存在が想定される。これらのうちのどれかが、諸部分を総括し、諸事実を演繹しうる発展の基体あるいは主体とみなされる。ヘルダーにおいてはそのような有機体は《民族》であったが、社会学的思考の発展とともにそれは《社会》によって置き換えられ、あるいはシュペングラーにおけるように《文明》の概念となり、ナチズムによって再び《民族》ないしは生物学的な意味での《人種》となる。

第三に、「全体性哲学」は行動主義的なモチーフと結びつき、あるいはそれによって促進されつつ登場した。そもそも実証主義的歴史主義が「歴史的な知識をあれこれとかきあつめながらも、それが現代に対しては何らの生産性ももつまい、という厄介でうんざりする印象」（トレルチ）の故に、あるいは意志と生命の麻痺をもたらす「歴史病」として告発された時、その告発のうちに行動主義的な発想が含まれていたことは明らかである。行動はある倫理・価値観とともに理想を必要とする。行動の理想とは、マンハイムの定義するような意味でのユートピア、すなわち「特定の既存の段階では実現不可能な存在超越的表象」、「存在を追い越している表象」であり、それは現実の歴史的存在を変型する力をもち、その意味で時期尚早の真理、実現されてみて初めてその真理であることが「後からの一致」として検証されるような真理のことである。

歴史的存在の変型がなりゆきまかせということではなく、ユートピアの実現へ向けての意識的・計画的な変革でなければならず、したがってまた存在のまるごとの変革でなければならないとすれば、変革対象たる歴史的存在の全体認識が要請される。そしてこの全体認識が、ある「全体性概念」からの全体の演繹という仕方で行われるならば、全体論と「ユートピア主義との神聖ならざる同盟」（ポッパー）が結ばれる。全体論と行動主義・ユートピア主義との同盟によって、「社会実験」（ポッパー）、あるいは「全体計画化」（ヤスパース）の構想が生まれる。それは全体論的な観点からする「全体知」（ヤスパース）によって、ユートピアの実現過程を完全に統制しようとする、あるいはしうるとする構想である。しかし「全体知」とは、常に仮定を結論と同一視することによってのみ成り立っているのであって、その仮定＝結論からみて異質な事実は、あるべからざる仮象、非合理的で非本質的な存在、あるいは逸脱とみなされることになり、政治的には、そのような事実の隠蔽、そうした事実を指摘する者、体現する人物の粛清・抹殺をもたらす。全体論と行動主義、ユートピア主義との同盟が「社会実験」ないしは「全体計画化」として政治的に実現された時、そこに発生するのが独裁であり、暴力と流血であることを私たちはすでによく知っている。

第四に、ポッパーのいわゆる「神聖ならざる同盟」において「歴史的必然」という観念が強力に鼓吹されるようになる。なぜならユートピアが時期尚早の真理であり、その真理性が「後からの一致」として必ず験証されるのだとすれば、その場合には、未来予測が可能であること、さらにそのための論理的要請として、歴史の進展は必然的なものであり、その必然性はくまなく認識可能であるということが前提されざるをえないからである。こうして全体論が、ユートピア主義とともに歴史主義とも結びつく。しかもそれによって「社会実験」にともなう暴力・圧制・殺戮を歴史と未来の名において正当化する道も開かれる。しかし倫理が本来諸個人の良心のうちにその根拠をもつべきだという前提が正しいとすれば、倫理を未来予測のうちに、したがって歴史のうちに疎外・譲渡してしまうこうした発想は、やはり一つのニヒリズム、いわば能動的ニヒリズムとでもいうべきものにほかならない。

第五に、以上の考察を通して、私たちは全体論と行動主義・ユートピア主義および歴史主義との結合がすでにマルクス主義において先取りされていたということに気付かざるをえない。このことによって、何故一九二〇～三〇年代のドイツにおいて、ナチズムと並んでマルクス主義が思想的にも政治的にも大きな影響力を発揮したのか、という問題の解明に対して一条の光を投ずることが可能となる。明白に両者の台頭は同一の状況のうちにその根拠をもっていた。もちろん、マルクス主義が前提とする「全体性概念」は、ルカーチが解明してみせたようにプロレタリア階級であり、その全体性を体現するものは《党》であって、マルクス主義は現実にはいまだかつてナショナリズムから自由でありえたことはなかったけれども、しかし理論的には国際主義を志向するものであり、端的に民族に根拠を置くナチズムとは異なるし、両者が敵対関係にあることも事実だが、両者の思想の論理構造が共通性をもつということもまた否定しえない。自由主義者の眼からは、両者はともに独裁主義として同一視される。かくして私たちは、ポッパーがその書を「歴史的命運という峻厳な法則を信じたファシストやコミュニストの犠牲となった、あらゆる信条・国籍・民族に属する無数の男女への追憶」にささげていることの意味を理解することができるであろう。

第二節　歴史主義と社会学

全体性概念の形成を促した有力な要因の一つとして、社会学的思考の発展を挙げることができる。社会学の成立の前提はいうまでもなく《社会》の成立であり、それは絶対王政国家のもとで次第に形成されたものであった。ルイ一四世は孫に与えた教訓のなかで、「国王は国家のなかにおいて国民をあらわし、私人は国王に対するときただひとりびとりの個人をあらわすにすぎない」と述べているが、絶対王政のもとで、旧身分制国家を構成していた諸身分は、その「自由圏」とそれに対する支配権を喪失するに応じて、私人としてのバラバラの諸個人に解体され、また等質化されていく。それ以降、さまざまな政治思想はいずれも、いかにして個々人の上に政治的統一体を構築しうるか、という問題設定によって制約されるようになる。それとともに国家と諸個人との間の関係だけではなく、諸個人の相互関係を問題とすることも可能となるのであって、それはまず社交界として意識され、のちに《社会》の概念に結晶する。萌芽的なかたちでは、それはルネサンス期イタリアの宮廷に現れたが、イギリスのヒュームがはじめて国家と個人との抽象的な関係に思考を限定する自然法的合理主義を排撃するに際して、クラブとか文学サロン・科学アカデミー・人道主義の協会・宗教的な秘密集会・商社や製造会社・最初の労働組合といった現実のうちにみられる自発的な協力活動に注目し、それらの全体を《社会》と呼んで、国家と個人の間に挿入した。《社会》こそが国家に先んじ、法の源泉たることを言明することによって、彼は近代的な用法における《社会》という言葉の創始者となった[39]。

フランスにおいては、《社会》という言葉は、サロンを結集点として形成された高級貴族とパリの大ブルジョアを包摂する超身分的な社交界に集まる人々の自己意識を通じて、そこから派生した「文学者の社会」の自己表現の手段となり、さらにヴォルテールと百科全書派に至って、それは国家と対峙する意味を与えられ、対象を拡大する。そしてこの言葉はフランス革命の前夜にきわめて大きな役割を果たす。というのも、革命を準備した思想家たちが、貴族や高位聖職者らの特権階級と「第三身分」との対立をこの言葉によって表現しようとしたからである。一方には政治的な権限を失いながらも、労働の果実を収奪することによって平民の上に、免税特権を主張することによって国家の上に寄生する貴族たちの《封建社会》が存在し、他方では、最初国王直轄都市の市民から出発した第三身分が、絶対王政のもとでの行政機構の拡充にともなって、広汎な市民と農民を包括する平民からなる《公民社会》に成長した。《公民社会》こそが絶対王政の実質的な基礎であり、そのもとで形成されつつあった近代的な主権国家の主柱であって、革命が勃発するや、一七八九年にはついにみずからを《国民》と宣言し、やがて国王の存在を不要とみなすに至る[40]。

《社会》の成立とともにその考察も始まる。その考察を規定したものは、フランスにおいては、自然認識の分野で勝利を収め、デカルトによって形而上学的な基礎を与えられた数学的＝機械的な物理学の方法であった。この方法にともなって、認識する主体と数学的に理解された外部世界との認識論的対立が生まれ、それによってギリシャ的原義においては仮象に対する真実在を意味していたイデアという言葉が意味変化を起こし、思想・観念・概念・行為を規制する原理、一般に意識の内容というほどの意味において用いられはじめる。このイデーの由来を、デカルトのように内観に求めるか、またはコンディヤックのように「外的な知覚」に求めるかによって観念論か唯物論かの別が生まれ、あるいはロックのように「内的および外的な知覚」に求めるならばイギリス経験論の基調が形成されるが、それら全体を規定しているのは、デカルト的な意味での二元論、すなわち主体と客体との、そして主体においては霊と肉との二重性を認めるという思考の枠組みであった。

霊と肉との二元論によって肉体を機械のようなものとみなすことが可能となる。ちょうど神が機械仕掛けの世界を設計し、創造したのと同じように、人間は機械のような自己の肉体を、意志や意識、一般にイデーによって操縦しているのだ、と考えることができるからである。このような構想は、ハーヴェイが血液循環の運動の解明によって、人間の肉体が精密なポンプ機構にほかならないことを発見して以降、とくにデカルトにおいて明瞭に現れ、さしあたり彼は動物を機械とみなしてその解明を図ったが、のちラ・メトリに至ってあからさまに「人間機械論」が提唱される。しかしそうなると、意志はどのようにして自己の機械を運転するのか、その伝達機構はなにか、ということが問題になる。かつてアリストテレスにおいては、有機体に生命を与え、これを支配するのは霊魂であると考えられたが、ここでは機械としての肉体を運転するものとして心理機構が想定される。霊魂論にかわって心理学と生理学が登場する。

以上のような前提のもとで、一八世紀末、キャバニスやデステュット・ド・トラシーらによって、人間の「生得観念」を探究する「心理＝物理学（Psycho-phisiologie）」としての「イデオロギー（Ideologie＝理念学）」の樹立が試みられた。それは旧来の倫理学や政治学にかわり、諸個人の行動の原理たるイデーの探究によって、諸個人の関係にほかならない社会のうちからいかにして政治的統一体を構築しうるか、という政治思想上の課題に答えようとするものであって、このような試みが当時いかに期待を集めていたかは、キャバニスをその一員とするフランス第一共和政の総裁政府が、国立アカデミーに「感覚と観念の分析」のための一部門を設置し、この課題の国家的な遂行を図ったことによって知ることができる。このイデオロギーがサン・シモンの「社会＝物理学（Physique Sociele）」を経て、その弟子オーギュスト・コントの実証社会学に承け継がれていく。[41]

フランスにおいては《公民社会》が《国民》に転化したのだとすれば、ドイツにおいては《民族》から《社会》が生まれる。その考察方法もフランス流のそれとは異なっていた。シュライエルマッヒャーにはじまり、ディルタイにおいて一応の確立をみるドイツでの心理学的＝社会学的な思考の潮流がその出発点としたものは、宗教的・倫理的なモチーフを内に蔵し、神秘的・非合理的な直観によって導びかれる、あの《魂》の概念であった。それがディルタイの「体験」と「理解」の理論の言外に含まれた意味である。[42]

フランスにおいてはサン・シモンやコントがそうであったように、社会学的思考は進歩史観と結びついたが、ドイツではそれが否定される。だから例えばディルタイが精神史を世界観の類型学としたように、ドイツの社会学的思考においては、さまざまな時代の世界観・国家型態・社会構造等は、継時的なものとしてよりは類型として理解されるのであって、そのような思考は、ランケやドロイゼンにあってなお保持されていた宗教的前提、すなわち歴史における神の導きという前提が捨て去られるに従って、歴史思考のうちに導入される。こうしてマンハイムが「われわれの生への見方は次第に社会学的になってきており、しかもこの社会学なるものがまた、ますます強くなる歴史主義の原理の支配の下に、われわれの新しい生の姿勢を最も集中的に表明する領域の一つなのである」と述べているように、またアントーニが『歴史主義から社会学へ』において詳細に跡付けているように、歴史主義と社会学との融合が、歴史主義の危機の表面化という状況のもとで進行する。とくに第一次世界大戦以降、ヨーロッパの危機が叫ばれ、ヨーロッパ文明の起源や性格の究明がほかの文明との比較を通して試みられるようになるとともに、トレルチやシュペングラー、またマックス・ウェーバーらによって諸文明の類型論が展開されるようになり、歴史学者と社会学者との区別はほとんど意味を失うまでになった。

最後に、歴史主義と社会学の融合が始まると、それはすでにマルクス主義において先取りされていたということが意識されるようになる。一九二〇～三〇年代のドイツでのマルクス主義的思考の風靡は、このような状況のもとで起こり、そしてこの傾向を一層押し進める役割を果たしたのであった。

第三節　積極的な歴史主義の登場

歴史主義の危機をめぐる状況の全体のなかから、ナチズムやマルクス主義をも含めて歴史主義の積極的な主張が現れる。それらはいずれも一九世紀の消極的な実証主義的歴史主義がもたらしたとされる相対主義・懐疑主義・ニヒリズムの克服を歴史主義の名のもとで果たそうとする。消極的な歴史主義から積極的な歴史主義への転化過程を理論化しようとした思想家として、マンハイムとルカーチの二人を取り上げる。

一、マンハイム

カール・マンハイムは一九一〇年代以降ドイツ思想界をあまねく浸していた共通の経験、すなわち「綜合への転回」の只中にあるという時代経験に立脚し、実証主義的な相関主義を《全体性》の概念にもとづいて克服しようとすることからその思索を出発させる。他方、彼は歴史主義を相対主義と懐疑主義の一形式であり、その帰結はニヒリズムでしかないと言って告発したリッケルトの批判方法を拒否する。彼によれば、リッケルトは「啓蒙の理性」以来の静的理性哲学の立場に立っているのであって、それは自然認識を範型とする認識論的理念にほかならず、したがってそれは歴史認識のうちから提起される問題には答えることができない。なぜなら、第一に、静的理性哲学は歴史を超えた「妥当」の領域に安住する諸価値を想定するが、それは歴史的な現実に対しては常に不適合だからであり、第二に、それは認識する主体の位置をその対象との関係において理論化することができないからである。

彼はこれらの問題の解決のための論理的要請として、真理性の基準と歴史との統一という方向での真理問題の転回を試みる。そのためには、歴史における「主体と客体との本質的同一性」、「存在と思惟との秘められた結合」を明るみに出さなければならない。彼はこの課題を二つの方向から追求する。第一に、認識論的な観点から「全体性の学問把握可能性」の問題を取り上げる。静的理性哲学の静観主義の立場を支持しえないとすれば、遠近法主義は不可避であり、むしろ認識に対する実践的・理論外的意欲の意義を問題設定のうちに導入すること、すなわち「立場的被拘束性」の問題を明確に理論化することが必要となる。そこで彼は幾分行動主義的な観点から「歴史認識は未来を意欲し、未来へ向かって活動的に努力する主体からして始《ママ》めて可能である」という命題を掲げる。「歴史への参加」こそが「真理への根ざし」を保証するのだという。そして未来を意欲しつつ行動する主体において「理論外的経験に与えられている原初的全体性」、「生の全体性」が理論的に顕在化されることによって「全体性の学問把握」が可能となる、と考える。しかし真理と歴史とが統一されうるとすれば、こうして把握される「生の全体性」が、同時に歴史における「万有変化の究極の基体、真の主体」としての動的な全体性でもなければならないであろう。

こうして彼は第二の課題、すなわち全体性のカテゴリーを借りて変化のより深い統一を把握すること、一見雑多な変化と見えるものから秩序の原理を引きはがし、万有変化のもっとも内的な構造へ参入するという課題の前に立たされる。この課題は、より具体的には、「個別的全体性」としての各時代の歴史像を「一つの有意味的に段階づけられた発展全体性に結合する」ことであり、それこそが「歴史主義にとって死活問題」となる。もしこの課題が達成されるならば、「縦断面に於ける歴史研究」と「横断面に向けられた観察」としての社会学的研究との統一が理論化され、従来の形而上学は歴史に解消されるであろう。すなわち歴史主義的形而上学が樹立されることになるであろう。

トレルチは歴史主義の問題を正しく提起し、このような課題を追求したけれども、結局は、個別的全体性としての各時代の無決的な並列たる「時代区分」の試みに終始した、とマンハイムは主張する。これに対して彼は、課題達成のための方法を、新しい「体系化の中心」が以前の思想を自己のうちに止揚するという仕方でその都度交替して行く発展形式たる「弁証法的発展」という見地のうちに見出す。こうして彼は、継起する諸思想体系類型におけるその都度の変化を諸体系の構成中心の推移から、そして新たな中心を超理論的に基礎づけられた新たな生活状況としての「時代の真理」から説明することによって、それを「弁証法的発展」の一つの原型として解明しようとする。マンハイムにおいてこの試みが実現したもの、それが『イデオロギーとユートピア』と題する後年の著作であった[43]。

イデオロギーが本来社会学の先駆をなす「理念学」の試みとして登場したことからも明らかなように、それは社会学的な思考とその発生の条件を同じくしている。まず国家と区別された諸個人の関係の領域としての《社会》が発見され、ついで《社会》における諸個人の関係から政治的統一体としての国家が構想されること、およびそのような構想の実現を目指して政党の活動が始められることがその条件である。これらの条件はフランス革命の前夜には形成されており、革命を促進したものの一つであった。しかし実際に革命が勃発してみると、革命を導くはずであったイデオローグ、すなわちアヴェ・シェイエスやキャバニスなど「イデーの探究者」たちは、事態の推移にともなって、決定的にはナポレオンによって、実生活や現実の政治から遊離した空虚な議論を弄ぶものとして排斥され、軽蔑的な意味をこめて「このイデオローグども」、「形而上学者」、「イデーを探し求める輩」などと呼ばれるようになった。イデオロギーという言葉がヨーロッパ中に、しかも悪い意味をもったものとして広まったのはもっぱらナポレオンを通じてであった[44]。

ナポレオンによって、イデオロギーは現実から遊離したものとして非難されたが、しかしそれは現実政治と対立する意味での、単にユートピア主義的なものなのではない。それは近代の政治思想が一般にそうであるように、政治的現実主義とユートピア主義とをともに自己の本質的属性として併せもっている。政治的現実主義はマキアヴェルリの『君主論』において、政治的実践が宗教や倫理から解放された技術として理解されることによって理論化されたが、他方、技術としての政治的実践にはその目標、すなわち制作されるべき国家と社会の青写真、設計図が必要であって、それはトマス・モアが『ユートピア』において、自然法の理念にもとづいて構想したのがはじめであった。この両要素がホッブスの『リヴァイアサン』によって統一され、近代の政治学が確立される。イデオロギーは当然こうした近代の政治学的思考と前提をともにし、同じ前提の上に立って活動する政党と結びつく。[45]

イデオロギーはしばしば科学と対立させられ、科学の名において批判される。というのも科学はイデオロギーに対置される《現実》の把握を自己の任務だと考えるからである。しかしイデオロギーが近代の政治学とその前提を共有しているのだとすれば、それはまた一般に科学を自己の前提としているということにほかならない。政治的実践を古代ギリシャにおけるように一義的に倫理的なものとしてではなく、技術として明らかにしたマキアヴェルリは、自然を人間の技術的実践に奉仕すべきものとする近代の自然科学とその思考の前提を共有していたし、またホッブスも、国家は人間の制作物であるが故に認識可能であり、認識可能であるが故に制作可能であるというように、認識可能性と制作技術的実践に関する自然科学的な思考を国家の考察に適用したのだからである。

イデオロギーは科学の成果を利用し尽くすけれども、また科学の側から攻撃を受ける。対立しあうさまざまなイデオロギーは、互いにみずからを科学だと主張し、科学の名において、互いにほかの立場的被拘束性と、そこから来る部分性を暴露しあう。そのような競合的な運動を通して全体性を目指す一つのイデオロギーは、部分的見解を無限に相対化し、それらを綜合することによって自己のうちに包摂するとともに、「存在に追いついていない表象」であるが故に、現実の歴史的存在を蔽い隠す虚偽意識たるイデオロギーとしての状態を脱して、「存在適合的な存在被制約性の認識」たる真理へとたどりつこうとする。それが「存在被制約性の認識」を目指すのは、リアリズムとユートピアニズムの統一が歴史主義的にのみ可能だからであり、自己が歴史の全き体現者であることが要求されるからである。イデオロギーは対立する他のイデオロギーを部分的なものとして自己に包摂し、そうすることによって「歴史的＝社会的世界の総体解釈」に向かって進んでいく。それは必然的に歴史主義的形而上学の樹立を目指す。

他方、イデオロギーは常に「存在を追い越している表象」たるなんらかのユートピアによって導かれており、その実現によって「後からの一致」として、その真理性を実証しようとする。そこでは不断にユートピアとトピア（存在）との循環運動が行われているのであり、未来の「存在適合性」を先取した歴史の発展傾向の「的を射当てる」意欲、すなわち歴史意志が要請される。だから未来を意欲し、自己の存在被拘束性を意識しつつ、存在との一致を獲得しようとする運動、真理へ向かっての動的な運動は、諸イデオロギーの現実的な運動のうちにすでに存在していたことになる。

マンハイムはイデオロギーにおけるユートピアの考察を「ユートピア的な意識の最初の形態」たる「アナバプティスト（再洗礼派）の熱狂的な千年王国論」、すなわち終末論的ユートピアから始める。それは「自由主義的・人道主義的な観念」において理性の進歩という思想と結びつき、終わりの時の急激な変革は無限の進歩へと緩和され、ユートピアの完全な実現は遥かな、見通すことのできない未来へと延期される。ついでそれに対する反撃として「保守的な観念」が生みだされる。そこではヘーゲルのように現在が終わりの時とみなされるか、あるいはロマン主義者や歴史法学派のように、「イデー」は民族・国家・法・

言語など歴史的現実のなかになんらかの仕方で潜んでいるものとされたり、さらには進歩の反転像として、没落・頽廃・退歩の思想が生みだされたりする。このような「逆ユートピア思想」においては、歴史の終末は救いをもたらすものとしてではなく、戦慄すべき未来像として想像される。最後に、「社会主義的・共産主義的なユートピア」が、ブルジョア的・資本主義的な時代の破局と崩壊の想定において保守的な観念を吸収しつつ、他方でそれを限りない福祉の時としての「神なき千年王国」の到来の前提であるとして、進歩史観のモチーフをも取り入れる。[46]

『イデオロギーとユートピア』におけるマンハイムの成果は、出発点において彼がその前に立たされていた二つの課題のうちの前者、すなわち認識論的な観点からする全体性把握の試みにとっての成果であった。しかもイデオロギー論から彼が抽き出しうると考えたのは知識社会学であって、歴史主義的形而上学ではなかった。むしろ彼は、後者の課題、すなわち歴史における存在的な動的全体性の把握が、リアリズムとユートピアニズムの統一において、すでに「歴史的＝社会的世界の総体解釈」を達成し、歴史の発展傾向の「的を射当てる」ことに成功したと自認するナチズムやマルクス主義において、極端なかたちで実現されていくのを見るに及んで、のちには「ただ左翼と右翼だけが総体的発展のなかに、存在的にひとつの全体性を信じている」と言明するに至る。かえって彼はみずからの立場を「自由に浮動するインテリゲンチア」のうちに求め、ナチズムとマルクス主義をともに「独裁主義」として排斥するようになる。[47]

二、ルカーチ

マンハイムがそこで立ち止まった一線を踏み越え、「総体的発展のなかに、存在的にひとつの全体性」

を信じようとした思想家にゲオルク・ルカーチがいる。マンハイムの場合、その歴史主義は「中世の宗教に制約された世界像が崩壊し、さらにその世俗化にほかならない啓蒙期の世界像、超時代的理性という根本思想をもった世界像が自己自身を止揚した後に、ようやく自己形成を遂げた世界観そのもの」として歴史的な文脈のうちに嵌め込まれていた。それに対してルカーチは全体性問題をより広い視野のもとで問題にしようとする。

彼は、一九一六年の『小説の理論』と題する初期の著作において、ギリシャ的世界の没落とともに、形而上学的領域のおのずからなる統一としての全体性は永遠に引き裂かれてしまった、以後失われた全体性を再興する努力が反復されたが、成就されたものはすべて「作りものの全体性」にすぎなかった、と述べている。そのような文脈からすれば、現代とは「完成された罪業の時代」にほかならない。

その三年後、勃発したハンガリー革命の渦中に跳びこんでいった時、おそらく彼のうちで、革命とは「完成された罪業の時代」を突破して、「全く新しい全体性」を到来せしめる歴史的決定である、という考えが抱かれたに違いない。だからこそ、一九二三年、なお革命の興奮が冷めやらぬうちに書かれた『歴史と階級意識』において、大胆にも彼は次のようにいうことができた。「ブルジョア科学からマルクシズムを区別する決定的な点は、歴史の説明において経済的要因の優先を認める点ではなく、全体性の観点である」「科学の革命的原理の指標は全体性範疇の支配に存する」と。

彼によれば、全体性を喪失した時代の全体性問題は三つの契機に即して構成される。第一は欠如態としての否定的全体性（生の混沌）、第二はかかる混沌を形象化する全体性形式（叙事詩・小説・方法としてのマルクス主義）、第三は求められているイデーとしての全体性である。イデーとしての全体性は、人類の前史が終わり、新しい歴史が始まる現在的瞬間において、現実的な歴史のなかに登場し、みずから歴史的なものとして現成する。だから歴史への関心は、人類の前史をとざす「真の歴史」から、それに呼び起こされて発現してくるのであって、社会主義において解放された人類のみが歴史の全体に通暁しようと欲するのであり、またそれができる。「真の歴史」の到来、それが「歴史の理性」であり、「歴史への信頼」を保証する。歴史への帰属の自覚において、歴史をその「内在的進行にゆだねる事なく」、自覚的に参加すること、前史から真の歴史への決定的過渡への意識的参加というかたちでの「歴史の理性」への順応、それがルカーチにおける「徹底された歴史主義」、「真の歴史主義」にほかならない。

ルカーチとマンハイムを分かつもの、ルカーチをしてマンハイムがそこで立ち止まった一線を踏み込えることを可能にしたものは、第三の契機、すなわちイデーとしての全体性のもつ性格である。マンハイムにおいてそれに相当するのはユートピアの概念だが、それが中性的であるのに対して、ルカーチの「イデーとしての全体性」はある種の神的な性格を帯びている。それは人類の前史においては超越的なものでありながら、そこでも自己を貫徹していくという意味では内在的なものでもあって、しかも「真の歴史」の到来においてみずからを歴史と一致させる。ルカーチのこのような思考のうちに働いているもの、それは歴史を終末への方向において、そして終末の側から見る、あの終末論的な思考にほかならない。彼の「歴史への信頼」、「真の歴史主義」を支えているのは終末論的な時間の意識である。

しかし、正統派マルクス主義の側からする「修正主義」という罪名のもとでの異端審問と、それに対する絶えざる自己批判と自己否定を通して、彼における終末論的な思考は次第に影を薄くしていく。それに応じて全体性の三つの契機が変質する。第一の生の混沌と第三のイデーとしての全体性は癒着を遂げて、

「歴史の全体的運動としての具体的全体性」となり、他方に「弁証法的全体観察」の方法が対置される。

　そうしてみると、ルカーチの全体性の図式は、マンハイムのそれと対して変わらないものとなるし、再び「主観―客観関係」という認識論上の、あの泥沼的な問題設定に落ち込むことになる。彼はそれを「全体的方法」は「全体的歴史」の「反映」にほかならないという前提のもとで、「全体性範疇のレーニン的近似性認識論」によって乗りきろうとする。しかし二つの契機の間の関係が「反映」によって統一されてみると、主観―客観関係そのものが客観化され、それらは唯一の「全体的客観的歴史」に帰一してしまう。すなわち客観的歴史そのものが客体から主体へ転化し、主観は客観を対象化するのではなく、順応することによって「反映」するのだということになる。歴史が歴史を経験するのである。人間的主体の歴史化は、歴史の主体化に帰着する。

　こうして完成期ルカーチの「客観的歴史主義」が生みだされる。それによって確かにあらゆる論理的矛盾は除去されるが、同時に諸契機の間の生き生きとした緊張も失われてしまう。それは論理的には首尾一貫しているとしても、その実、神秘的にしか理解できないような思想であり、そして終末論的時間性は、ただ過去から未来へと直線的に進行する実証主義《ポジティヴィズム》的時間性に変質し、終末論的思考は啓蒙主義における進歩史観と同様の「歴史完成思想」に変型される。事実、晩年のルカーチは真の歴史主義の原型を啓蒙期の歴史意識に見出し、ロマン主義以来の歴史主義を似非歴史主義として攻撃したのであった。[48]

第七章

積極的な歴史主義の系譜

第一節　ヘーゲルにおける歴史主義的形而上学

積極的な歴史主義が登場すると、歴史主義の起源の問題についても、それをロマン主義と共通の根をもつドイツの運動と把えるマイネッケ流の展望とは別な視点からの探索が始められる。いわば歴史主義的形而上学の系譜を尋ね当てる試みが始まる。こうして例えば、ポッパーはそれをヘーゲルとマルクスに求め、またレーヴィットはヴィーコ――ヘーゲル――青年ヘーゲル派――マルクス――ディルタイと連なる考察の連鎖の果てに、存在と時間を一体化したハイデッガーのうちに「存在の歴史化」を、したがって歴史主義的形而上学の完成を見出す。歴史主義の起源の問題に関する視点の推移を雄弁に物語る例として、ここでは日本においてほとんどただ一人、歴史主義の問題と真剣に取り組んだ樺俊雄氏の一文を紹介する。氏の歴史主義の問題との取り組みは戦前から始められたが、戦後の一九五二年に刊行された『歴史主義』という著作には、次のような言葉が見出される。

「私をして言わしめれば、実は歴史主義の危機はドイツの市民社会の危機であり、ドイツの資本主義の危機であったのである。それであるから、トレルチがプロテスタンティズムの倫理的理想によってその危機を克服しようとしても到底無駄であったろうと言いうるのである。ファシズム勢力下において実存哲学は存続したとしても、すでに歴史主義の本来の姿を残しえなかったし、いわんやヘーゲルにおける如き合理主義と握手した歴史主義は姿を現しえなかった[49]」。

ここにみられるのは、私たちが歴史主義の危機に関する項で考察したのと同様の関心であり、こうした観点から歴史主義を再建しようとする場合、「合理主義と握手した歴史主義」を生みだしたヘーゲルや、市民社会および資本主義の危機の認識と歴史主義とを結びつけたマルクスの存在が想起されるのは自然の成り行きであった。また歴史主義を相対主義の故に告発した多くの哲学者、例えばジンメル、リッケルト、ヴィンデルバントらは、それをヘーゲル以降の思弁の衰退という脈絡で理解したが、そうした観点からしても、やはりヘーゲルが歴史主義の問題圏内に入ってくる。実際、トレルチその人が、歴史主義的相対主義の克服を、ライプニッツ、マルブランシュ、ヘーゲルによって示された方向における形而上学において実現するという構想を述べているし、またテオドール・レッシングは歴史主義の模範をヘーゲル哲学のうちに見出した[50]。

ヘーゲルはデカルトをもヴィーコをも規定していた歴史的世界と自然的世界との二元論を否定するところからその思索を開始する。そのために彼は一旦古代ギリシャの形而上学の世界に退却する。天体の秩序整然たる運動のなかに理性（ロゴス）が存在するということ、これは自明のことだと彼は考える。しかし歴史のうちに見出されるのは、悪意と偶然と無秩序であり、そのために古代の思想家たちには、歴史的世界を一つのまとまりをもったものとして独立させて考察するとか、歴史に関する学問が成立するとかいうことは思いもよらなかった。しかしヘーゲルはそのような歴史のうちにも理性が存在するはずだと考える。一つの精神が存在しており、それがそれぞれ異なった自然の理性、歴史の理性として現れる。変化と流転を宿命として甘受するのは東洋的な思想であり、西洋においては、歴史における暴力・残虐に対して、それは何のための、すなわちいかなる最終目的のための犠牲なのかという問いが「必然的」に発せられるのだ、と彼はいう。そして彼は無秩序のうちに理性を見出す方法を、アダム・スミス的な「見えざる神の手」による予定調和という考え方のうちに見出し、それを「理性の狡智」として歴史に適用した。こうして、理性が諸個人の盲目的な情熱や利益にかられた行動、それらのぶつかりあいをも利用しながら、自由の意識における進歩をもたらす、という彼の歴史像が完成する。

そうしてみると彼の歴史像は啓蒙主義流の歴史完成思想と似たものになる。しかし啓蒙主義においては理性と非理性との対立が歴史のうちにもちこまれていたし、また理性は歴史と対立する超越的な性格をも保持していたが、ロマン主義やドイツ歴史主義の影響のもとで、一見非合理に見えるもののなかに隠された合理性を見出そうとする志向をもっていたヘーゲルにおいて、こうした二元論が克服され、理性は歴史と一体化する。いわばヘーゲルにおいて、啓蒙主義とロマン主義および歴史主義が和解を遂げ、汎合理主義的な歴史主義が生みだされる。

ヘーゲル哲学が前提としたのはいうまでもなくキリスト教信仰であり、その終末論的な思考であった。自然的世界にも歴史的世界にもあまねく浸透する絶対的精神《ガイスト》とは神＝聖霊《ガイスト》にほかならないし、それらのうちに理性が存在するのは、それらが等しく神の被造物だからである。そして歴史における理性とは、摂理の観念の世俗的翻案にほかならない。歴史のうちに理性を見出そうとする試みが「弁神論」的な意図によることを、彼は少しも隠してはいない。しかし理性と歴史が一体化されることになると、理性は、したがって神もまた超越的な性格を失い、全く歴史に内在することになる。やがて歴史は神なしでも、それ自身で合理的なものとなり、また聖化されるようになるであろう。神による最後の審判は歴史による不断の「世界審判」となる。起源からすればキリスト教的だが、結果において反キリスト教的なものとなる、というあのヨーロッパの近代思想に一般的な特徴がヘーゲルにも見出される。実際にヘーゲル哲学における無神論的な帰結が、青年ヘーゲル派の左派、とくにフォイエルバッハやマルクスによって展開される。また、ヘーゲルにおいては保持されていた静観の理想が放棄され、「哲学の実現」が要求されるようになる。認識と実践の統一、実践による現実の批判を目指すマルクスによって歴史主義は行動主義と結びつく。[51]

第二節　マルクスにおける終末論的歴史思考

マルクスは『経済学批判』序言のなかで次のように述べている。

「大ざっぱにいって、経済的社会構成が進歩してゆく段階として、アジア的、古代的、封建的、および近代ブルジョア的生産様式をあげることができる。ブルジョア的生産諸関係は、社会的生産過程の敵対的な、といっても個人的な敵対の意味ではなく、諸個人の社会的生活諸条件から生じてくる敵対という意味での敵対的な、形態の最後のものである。しかし、ブルジョア社会の胎内で発展しつつある生産諸力は、同時にこの敵対関係の解決のための物質的諸条件をもつくりだす。だからこの社会構成をもって、人間社会の前史はおわりをつげるのである」[52]。

彼によれば、これまでの歴史は「アジア的、古代的、封建的、および近代ブルジョア的生産様式」という四つの「経済的社会構成が進歩してゆく段階」に区分される。ついでそれらは「人間社会の前史」として一括され、本来の歴史と対立させられている。マルクス主義者たちが金科玉条としてきたのは前者の区分法であり、それを規定しているのは進歩史観的な思考であるようにみえる。それに対して、初期のルカーチは後者の二分法に依拠して終末論的な思考を展開してみせたのであった。そうすると西田照美氏が言っているように、「マルクスの著述には、終末論的であると見られるような発想と、それに対して非終末論的であると見られるような発想とが、それぞれ何らかの程度の体系的脈絡のなかで展開されている。しかし、この両者の不整合についての自覚は見られないのである」[53]ということになるのであろうか。

まず両者の整合・不整合について検討してみよう。そのためにはマルクスが「進歩」についてどのように考えていたかに注目する必要がある。この点について、「経済学批判序説」では次のように記されている。「いわゆる歴史的発展は、一般に、最後の形態が過去の諸形態を自分自身にいたる段階だとみなすということにもとづいている」[54]と。彼はフランスの進歩史観を含めて、歴史思考にとって本質的な属性は「最後の形態」の側から過去を見ることなのだ、という認識の上に立っている。したがって彼もまた近代ブルジョア社会の側から、それとの対比において「前ブルジョア的諸関係」を考察し、しかもそれを近代ブルジョア社会に「いたる段階」として、近代との遠近の距離を測定しようとしている。リヒトハイムが要約しているように、マルクスにとって問題だったのは、「一つには市民社会がなぜヨーロッパにおいて存在するようになったか、二つにはこの市民社会が中世封建制のなかからどのようにして生じたか」ということであった。[55] そうした問題関心から彼は次のように考える。論理的にも歴史的にも、封建時代＝ヨーロッパ中世においてこそ、「都市と農村との対立」を通して「近代の歴史」が展開されるのであり、それに対してアジア的形態と古典古代的形態は歴史的にはともに近代社会を生みだす母胎とならなかったが、個人の自立性の度合という点において、論理的には後者の方が近代社会にとってより親近である。そうだとすれば、望月清司氏が注目したように、『経済学批判』序言の先の文言が地質学用語をもって書かれていることにも意味がある。氏はこれを次のように翻訳する。

「経済的な観点からみた社会をいわば成層《フォルマツィオン》〔地層群〕と見立てて、それを大ざっぱな輪郭でえがいてみると、その成層〔地層群〕のなかに、アジア、古代世界、封建社会、近代市民社会というそれぞれの時代の諸生産様式が、地層が古い順に重なって累重的《プログレッシーフ》な諸世《エポッヘ》をなしているように、つみ重なっている、というふうに言える[56]」。

ここにみられるのは決して進歩史観的な単線的発展の図式ではなく、「敵対的な形態の最後のもの」である近代ブルジョア社会からみての遠近の序列である。そのことよりも、私たちが注目しなければならないのは、近代ブルジョア社会を「敵対的形態の最後のもの」として示そうとする彼の意図である。彼は進歩史観の歴史完成思想を逆手にとって、初期のルカーチと同じように、近代ブルジョア社会を「完成された罪業の時代」として示そうとする。彼は、近代ブルジョア社会は「敵対的な形態の最後のもの」であり、それをもって「人間社会の前史」が《終わり》を告げると考えるのだが、そのためには、やがて到来する本来の歴史が想定されていなければならない。つまり彼においては、近代ブルジョア社会は「人間社会の前史」の終末であるとともに、終わることのない福祉の時としての真の終末たる本来の歴史の始まりを準備する、というように、終末は二段構えの構造をもっている。

しかし、なぜそのように考えることが可能なのか。この問いに答えるための鍵は、彼が「敵対的な形態の最後のもの」であり、同時に「この敵対関係の解決のための物質的諸条件」をつくりだすとした「ブルジョア的生産諸関係」が、彼の思考に占める独特の意義を理解することにある。

彼は「パリ草稿[57]」のなかで、ブルジョア的生産諸関係の核心を「疎外された労働」に見出し、一方で「国民経済上の現に存在する事実」、すなわち①「事物の疎外」、②「労働の自己疎外」、③「人間からの人間の疎外」を見つめつつ、他方でそれを《類生活》、すなわち①自然を普遍的に対象とし、②自由で意識的な、そして③共同的な人間の生命活動との対立において考察している。ここにみられるのは、ちょうどルソーが社会状態と自然状態との間に設定したのと同様の二元論的な思考である。

ところが、広松渉氏は初期マルクスにおける超歴史的な歴史の実体＝主体たる《人間の本質》およびその《疎外》による人間・社会把握は『ドイツ・イデオロギー』において放棄され、「歴史―内―存在」としての人間把握が確立されたのだと主張している[58]。つまり私たちの言葉をもってすれば、初期マルクスにおける二元論的な思考は歴史主義的に統一された、というのである。しかし広松氏自身が明らかにされたように、『ドイツ・イデオロギー』の執筆にあたって主導的な役割を果たしたのが、マルクスではなくエンゲルスであった、ということが判明した以上、これをもってマルクスの思想の転換を明らかにすることはできないはずである。確かに、初期マルクスの二元論的思考は『経済学批判』や『資本論』ではあまり表面に出ていないけれども、そのノートである『経済学批判要綱[59]』中の「資本制生産に先行する諸形態」では「疎外された労働」の規定が再び記述されているのを見ることができる。

ここでは、彼は資本制社会における価値増殖過程を領有過程として捉えることから出発する。そうすると、労働者の側で労働として現れるものが、資本家の側では所有として現れることが明らかとなる。そのことによって、労働者は、彼の労働の生産物に対して無縁のものとして関係するのであるし（①事物の疎外）、彼自身の労働に対して、たしかに彼のものでありながら、彼にとって無縁な、強制された生命の発現として関係し（②労働の自己疎外）、また結合的労働に対する行為も、無縁のものとしてのそれに対してである（③人間からの人間の疎外）。

しかし「パリ草稿」で社会状態と自然状態との間に設定されていた二元論がここでは歴史化される。ブルジョア的所有は「労働と所有との同一性」という所有の第一法則が転回して出てきた第二法則であるとされる。この「労働と所有との同一性」の定義は、「パリ草稿」における《類生活》の規定を承けている。所有の第一法則＝本源的所有は、①「自然を普遍的に対象とする生命活動」の規定に即して、まず「自分に属するものとしての、自然的生産諸条件にたいする人間の関係行為」と定義される。また②「自由で意識的な生命活動」の規定に即して、「意識された関係行為」とも定義される。さらに③「共同的な生命活動」の規定に即して、「ある種族（共同体）へ帰属すること、そしてこの共同体の非有機的肉体である大地にたいする関係行為を媒介にしての、個人の土地にたいする関係行為」とも定義される。

フランスの進歩史観においては、暴力や無知によって理性が曇らされていた前近代に対して、近代とは理性が勝利を収めた輝かしい時代であった。マルクスによってそれが逆転される。近代とは完成された疎外の時代であり、それと較べれば前近代はまだしも「幸福」な時代であった。近代ブルジョア社会との対比において前ブルジョア的諸関係を考察してみると、「人間がつねに生産の目的として現れる古代の見解は、生産が人間の目的であり、富が生産の目的として現れる近代的世界にくらべてすこぶる高尚なもののように見える」。そうした観点からすれば、近代の歴史は堕落の過程、罪業の完成の過程のように見える。そのかぎりで彼はロマン主義者や保守主義者と懐古的な感覚を共有する。

　しかしここで彼はみずからをロマン主義者や保守主義者から区別して次のように考える。前ブルジョア的諸関係は、制限されたものとして崩壊を余儀なくされた。それに対して、近代世界における富の生産は、「偏狭なブルジョア的形態を一皮むけば、普遍的な交換によってつくりだされる個人の欲望、享楽、生産力等の普遍性」、「自然的諸力にたいする人間の支配の完全な発展」、「人間の創造的素質の絶対的創出ではないのか？」と。しかし「ブルジョア経済においては、人間の内奥のこの完全な創出は、それを完全に空にすることとして現れ、この普遍的対象化は総体的疎外として現れる」[60]。

　終末論的な思考にとって本質的な属性は二元論であって、マルクスにおいてもそれは終生保ち続けられたが、同時にそれ自体が歴史化された。「人間生活の永遠的な自然条件」たる《類生活》、そこにおける「労働と所有との同一性」は、「自然生的種族共同体」はいうに及ばず、その変形され「歴史的に生成した政治的形態」や、さらにその「二次的形態」の基礎でもある。近代ブルジョア社会のもとではじめて「自由な労働はそれが実現される客観的諸条件から分離」され、こうして労働と所有とは分裂する。そして労働者から自然が、また労働自体が、さらに生産を通じての他人との共同的な関係が疎外される。とはいっても、自然を普遍的に対象とする自由で意識的かつ共同的な生産としての人間の生命活動が行われていないわけではない。なぜならそれは「人間生活の永遠的な自然条件」なのだから。それは『資本論』においても、労働過程の節において、ごく控え目に、というのはユートピア主義的な色彩をあたうかぎり抑制した上でやはり記述されている。

資本制生産のもとにおいては、労働と所有との同一性は疎外された形態において存在しており、分裂という形態において維持されている。近代ブルジョア社会において、社会状態と自然状態とはかつてない対立関係に陥るが、にもかかわらずそのようなものとして統一されている。そうしてみると、マルクスにおける「人間生活の永遠的な自然条件」とは、超歴史的というよりは歴史貫通的なものであり、超越的というよりは潜在的なものであるといえよう。しかしそれが未来の共産制社会、すなわちそれをもって人間社会の前史が終わりを告げ、自然状態がそのまま社会状態となるような未来社会、アルフレート・シュミットが「自然と社会のユートピア」と名付けたような共産制社会の構想の基礎であるかぎりでは、歴史超越的な性格をも保持している。

近代は完成された罪業の時代であるとともに、そのようなものとして救いを準備するのであり、時が満ちるとともに破局を通じて救いが到来する。これが「パリ草稿」で提起された「どのようにしてこの疎外は、人間的発展の本質のうちに基礎づけられるのか」という問いに対するマルクスの解答である。ここに働いているのは、ヘーゲルにおけると同様に、この犠牲はいかなる最終目的のためのものなのか、という西洋的思考においては不可避的な問い、すなわち終末論的な問いにほかならない。だからこそ「人間的発展の到達目標」が構想される必要があった。

マルクスの考えによれば、近代ブルジョア社会の破局は恐慌と革命によって訪れるが、それによって一挙に共産制社会が到来するわけではない。そこにはちょうど原始キリスト教団において、キリストの出現と世界の終末との間にキリスト者の共同体と世俗的世界とが共存する独得な「終末の時」、「中間の時」が存在すると考えられたのと同様の「中間の時」が存在する。彼はそれを周到にも『ゴータ綱領批判』において、三つの段階に区分しつつ詳細に論じている。

　このようにみてくると、その歴史像の構想における終末論的な思考という点においても、また「神の国」と「地上の国」との対立にも似た、厳しい、そして倫理的な対立でもある階級対立を想定するという点においても、彼の思考は正統派キリスト教徒のそれにきわめて近い。ただ彼をしてそれから区別せしめる点は、その構想する「自然と社会のユートピア」が「神なき神の国」であること、彼がいわゆる「ユートピア社会主義者」に対して《科学》と《歴史的必然》を強調し、共産制社会の福音を宣《の》べ伝えるキリストのようにではなく、それに先立つ破局を告知するアンチ・キリストのように、あるいは破局に対する備えを警告した古代ユダヤの予言者たちのように語ることを好んだ、ということである。そのため彼の使信は終末論的なものとしてではなく、歴史主義的なものとして受けとられがちだった。

　アントーニは「マルクスのうちに、人間についての自然法的と歴史的との二重の観念が存在する」、「歴史主義と自然法思想という二つの精神が、彼の胸中深く論じ争っていた」と言っている[61]。自然法思想とは「自然と社会のユートピア」たる存在超越的表象としての共産制社会の構想において働いていた観念のことであり、歴史主義とはそれを人間社会の前史ののちに訪れる「本来の歴史」として歴史内在化させようとする志向のことである。

　マルクスにおける自然法的観念が、啓蒙主義や初期社会主義のうちに、いわばフランス的な起源をもっているとすれば、その歴史主義的志向はヘーゲルのうちにドイツ的な起源をもっている。フランス革命の「不滅の諸原理」、その人道主義的・自然法的な理想について喋々する人々を「このイデオローグども」

「形而上学者」「イデーを探し求めるやから」などと言って非難したのはナポレオンであった。ヘーゲルはそれに従って、フランス革命の「不滅の諸原理」を抽象的な知性の産物として告発し、歴史感覚、現実感覚を欠いた、フランスの災いすべてに責任のある不吉なイデオロギーについて語った。マルクスはそれをもう一歩押し進め、イデオロギーは知性の抽象的な産物であるばかりか、階級闘争の偽善の仮面、道具であり、フランス革命の「不滅の諸原理」とは、ブルジョア、むしろプチブルジョア（小市民）のイデオロギーであると主張した。この点で彼はビスマルクに近かったし、事実ビスマルクの現実主義に共鳴した。マルクスにおけるヘーゲル的精神ともいうべき歴史主義的志向は、その後、改良主義的・人道主義的・民主主義的な社会主義に対抗するため、つまりプチブルジョア的センチメンタリズムとか道徳主義とかを軽蔑する人々によって、常に利用されてきた。「空想から科学へ」というエンゲルスの周知のシェーマがそれに拍車をかけた。彼らが訴えたマルクスとは、政治的現実主義、権力闘争、力の原理といったものを国家間の闘争から階級間のそれに移し変えたマルクスであった。

一九世紀の末に、イタリアのアントーニオ・ラブリオラが執拗に復帰を図るのは、民主主義的自然法思想に対する冷笑的な否定者としてのこのマルクスであった。そして、ラブリオラの若い弟子で友人のベネデット・クローチェが「プロレタリアートのマキアヴェルリ」という称号を呈するのも、その彼に対してである。このマキアヴェルリ風の現実主義の意味において、アントーニオ・グラムシは党をして「現代の君主」たらしめようとする。レーニンは社会民主主義に対する論戦においてこのマルクスを代行し、このマルクスを通してスターリンは恐ろしいイヴァン三世を讃える。たとえ彼を咎めたにしても、それは彼が十分に無慈悲ではなかったからである。

第三節　マルクス主義における進化論的・進歩史観的歴史主義

マルクスにおける終末論的歴史思考はマルクス主義においては継承されなかった。マルクスが死に、ハイゲート墓地の無宗教者を葬る区域で、妻の横たわっている墓に埋葬された時、エンゲルスはそこに立ちあった一二・三名の人々に向かって次のように演説した。マルクスは二つの発見をした。一つはダーウィンの有機的自然の進化法則にも比肩さるべき「人類史の進化法則」であり、ほかの一つは資本家的生産とブルジョア社会の起源を明らかにした剰余価値の法則である、と[62]。

エンゲルスはそうした観点から、「目的たる文明への方向」において、「これに反抗する諸々の障害との長期にわたる闘争」を通して実現される人類の「漸次的進化」を明らかにせんとする、モルガンの進歩史観的でもあり、進化論的でもある『古代社会』[63]に依拠して、『家族・私有財産及び国家の起源』を著した。その弟子のカウツキーは「ダーウィンが生物学において発見したものを人類社会に適用して、その発展法則を見出すこと」をみずからの終生の課題とした[64]。

しかしこのようにマルクス主義が進化論を基礎として一元論的・歴史主義的なものになると、倫理が歴史に解消されてしまい、実践的なものとしてのマルクス主義において、かえって実践主体の倫理、自由と決断が理論的に占めるべき位置を失う。こうして一九〇〇年頃、ドイツ社会民主党とその周辺において、自由と歴史の必然性をめぐる論議が喚び起こされたが[65]、このような問題は一元論的・進化論的歴史主義の前提のもとでのみ起こりうるのであって、二元論的・終末論的な歴史思考のもとでは起こりうべくもなかった。

ロシアのボルシェヴィキたちが学びとったのは、このようなドイツ社会民主党のマルクス主義であった。しかしその受容にあたってロシアに固有な問題設定が影響しないはずはなかった。ロシアにおける「理性の目醒め」は、一八世紀の啓蒙専制君主エカチェリーナ女帝の頃より始まり、知識人たちは一九世紀の全体を通じてフランス啓蒙主義の影響下にあった。だが彼らにとって、啓蒙主義のうちには受け入れにくい一つの思想があった。進歩史観のうちにはヨーロッパ文明が普遍的な人間文明を代表しており、ほかの諸文明にとっての進歩とはヨーロッパ文明に近づくことだという考えが含まれていて、それが西欧の植民地政策を擁護する理論としても利用されたからである。それに対するロシアの反応は二通りの形態をとる。一方には、だからこそ遅れたロシアは一刻も早く進歩を達成し、西欧に追いつかねばならないとする急進的な近代化論が登場する。ニコライ一世が《進歩》という言葉の使用を禁止する法令を出したのは、そのような急進的近代化論を警戒したためであった。

しかし他方で、ダニレフスキーのように、ヨーロッパ文明は文明の一つの型にすぎず、世界の諸文明はそれ以外のさまざまな型を呈示していると主張する人もいた。彼によれば、スラヴ文明はようやく創造力を高度に開花させる文明の第三段階にさしかかっているのに対して、ヨーロッパ文明はすでに最盛期を過ぎ、そのあとには文明の分解をもたらす第四段階が続く第三段階の終末期を迎えている、というのである。[66] ダニレフスキー的な見解はナロードニキのうちにもみられる。彼らは、西欧文明とは農民の没落と頽廃をもたらす忌むべき《資本主義》にほかならず、ロシアはそれとは別にミール（農村共同体）を基礎とする独自な社会主義を建設することができるし、しなければならないと主張した。

ボルシェヴィキたちはこれらすべての問題設定を前提とし、その解決をマルクス主義のうちに求めることができると考えた。彼らはナロードニキとは違って、ロシアも資本主義の段階を経過しなければならず、また現に経過しつつあると考えたが、社会主義革命を成就するならば、それをほんのわずか経験しただけで社会主義建設に突入し、そうすることによって、西欧に追いつき追いこすことができると主張する。こうして進歩史観の内容をマルクス主義的に改変することによって、西欧への劣勢を一挙に優勢に転ずることができる。このようにして作り上げられたボルシェヴィズムの歴史像は、なによりもまずロシア革命の自己理解のためのものであり、そして一方では「先進」の西欧に対する劣等感と、他方では領内のトルコ系やツングース系など多数の「未開」諸民族に対する優越感とを併せもっていた「中進国」ロシアの性格とピッタリ一致し、その政策と合致するものであった。

ソヴィエト・マルクス主義の歴史思考と歴史像の主要な命題は、ほとんどすべてマルクスの『経済学批判』序言から引き出されている。そこに述べられている「一般的結論」が「唯物史観の公式」として歴史の全体に妥当するものとされ、そうした観点から同じくそこに記されている先の「経済的社会構成が進歩してゆく段階として、アジア的、古代的、封建的、および近代ブルジョア的生産様式をあげることができる」という言明が解釈される。それはサン・シモン以来の階級闘争史の図式を加味され、奴隷経済＝古代、農奴制にもとづく封建制＝中世、賃労働制にもとづく資本主義＝近代、という歴史の三分法とも調和せしめられる。その前と後に原始共産制社会と未来の共産制社会をつけ加えればソヴィエト・マルクス主義の歴史像が完成する。こうして「人類史の単一の進化法則」「世界史の基本法則」が主張される。

ソヴィエト・マルクス主義の歴史像はマルクス的な用語で表現されてはいるが、その基礎にある思考はマルクスのそれでもなければ、エンゲルスのそれですらなく、むしろサン・シモンのそれに近いような進歩史観である。ユートピアとしての共産制社会は《未来社会》として「世界史の基本法則」のなかに封入され、歴史内在的な目標となる。

坂本慶一氏の『マルクス主義とユートピア』は興味深い著作ではあるが、その彼が次のようにいうのは間違っている。

「マルクス主義が自らを科学的社会主義と称してユートピアと絶縁し、あるいはその胎内からユートピアを追放したとき、マルクス主義は科学の名のもとに歴史的必然性の信奉者となり、革新思想としての弾力性を失い、権威的教条主義へと転落していった。マルクス主義的自己疎外の標本ともいうべきスターリン主義は、スターリン個人の生み出したものではなくて、ユートピアを拒絶したマルクス主義自体の産物だといってよいのではないか[67]」。

マルクス主義がユートピアを拒絶したことなど一度もなかった。問題は、歴史主義的なマルクス主義がユートピアを歴史のなかへ封入し、《未来社会》への信仰を強要することによって良心を沈黙させ、未来の名においていかなる暴力・圧制・殺戮をも正当化した、ということである。とくに自然法理念の伝統をもたない東方教会の地、すなわちロシアでは、その歴史主義、政治的現実主義には何の歯止めも加えられず、恥も外聞もなく威力を発揮したのであった。吉本隆明氏が言っているように、スターリン主義的な論理のもとでは、「社会主義的な体制を防衛するためには、どのような侵犯も究極的にはゆるされるべきである。なんとなれば、社会主義は抑圧された大衆の現実的な解放を志向するものだから、どんな別の課題にも優先しなければならない。そしてこの〈志向〉は、歴史的な必然にまたがった宗教的な至上物であり、この至上物が現実にはうらぶれた結果しか生みだしていないとしても、具体的なやり方がわるかっただけだから、やがていつかは修復されるはずのもので、決定的な悪ではないということになる」[68]。

ユートピアニズムとリアリズムの結合、そのための《未来社会》や《進歩》についての信仰を拒否すること、ユートピアを歴史から解放すること、このことこそが、私たちにとってぬきさしならない良心問題となっている。私たちは、歴史に反しても、《未来》の名においてではなく、個人の《良心》の名においてて思考し、行動しなければならない。

終章　日本の状況

歴史主義をめぐって提出されたあらゆる問題を整理しようとする私たちの試みは、事柄そのものの性質に導かれて、ヨーロッパにおける歴史思考の歴史全体の概観に行き着いた。しかも歴史認識と自然認識とを分離するという抽象自体が、近代に特有な、歴史的に制約された思考であることが自覚されねばならない以上、それは自然認識をも含めたヨーロッパ精神史全体の概観でもなければならなかった。最後に、以上の考察が日本の歴史思考に投げかける問題について検討し、長きにわたった私たちの思考の遍歴を終わらせることにしよう。

市井三郎氏が『歴史の進歩とはなにか』のなかで力説しているように、進歩史観は西欧諸国の植民地支配の弁護論として機能した。進歩史観の変形にほかならない「世界史の基本法則」論も他民族抑圧の理論として機能しうる可能性をもっている。尾藤正英氏も言っている。

「一定の発展段階という尺度があって、それを基準として諸民族や諸地域の歴史の動きを測量していこうとするような考え方は、世界史の実情に即しないばかりではなく、その尺度にもとづいて図式的に先進と後進を区別するような誤った適用がなされるならば、本来は平等であるべき諸民族によって構成される世界の歴史に、先進と後進との差別の観念を導入し、既成の格差を正当化する考え方に陥りかねない[69]」。「世界史の基本法則」論の前提にある進歩史観的歴史主義は、政治的・思想的立場の相違を超えて、私たち日本人の頭脳に深く浸透しているようにみえる。例を挙げてみよう。西洋史学の大家である増田四郎氏は、「近代史学」について、それはルネサンスに「萌芽」し、啓蒙主義に「橋渡し」されて「絶大な基盤」を獲得し、歴史主義において開花する、と述べている[70]。

ここで特徴的なのは、第一に、歴史主義の成立に至るキリスト教の世俗化の過程がそのまま近代史学の進歩の過程と同一視されていることである。したがって歴史主義の問題性は全く視野のうちに入らない。第二に、「近代史学」を発展において自己同一性を保つ主体＝実体とみなす一元論的な思考である。

マルクス主義者にして日本史学の大家である石母田正氏は歴史主義に言及しつつ、次のように述べている。「啓蒙思想のうちには反歴史的な思惟方法があり、歴史的思惟は歴史主義のもとで育まれた。両者は対立しあう思惟方法だが、しかし「ブルジョア的変革がよびおこした二つの形態の近代的思惟のあり方」を示すものであり、「啓蒙思想と歴史主義の貴重な遺産を独自の立場から単一の理論に統一しえたものが、プロレタリアートとその歴史学であります[71]」。

ここにみられるのは論理的要請と事実とを区別することのできない思考様式であり、それは簡単に矛盾を「統一」してしまったり、「止揚」してしまったりする一元論的な思考の不可避的な帰結でもある。

日本における歴史主義の風靡については、かつて丸山真男氏が『日本の思想』のなかで示唆にとむ見解を提出したことがあった。日本の伝統思想において唯一の自然法的体系であった儒教は、すでに江戸時代に、種々の歴史的相対主義の挑戦にさらされていたが、一九世紀後半になって、その本質が歴史内在的であれ超越的であれ、もともと永遠なものの光に照らして事物を評価する思考法の弱い地盤に、歴史的進化という観念が導入されると、思想的抵抗が少なく、その浸潤はおどろくほど早かった。それがやがて弁証法的発展の図式にうけつがれていくのである、と。[72]

問題の次元を拡げて、歴史内在主義としての歴史主義と、世俗一元論的な日本人の生活意識との照応について語ることもできよう。竹内良知氏が述べているように、「日本ほど『世俗化』が徹底しているところはないように思われる」からである。[73]そしてまた、良心を歴史に譲り渡して、その必然性に身をゆだねようとする歴史主義は、「長いものには巻かれろ」という事大主義的な処世観ときわめて親近である。「犬は吠えても歴史は進む」というような言葉によって表現されているのは、問題を倫理的に受けとめるのではなく、それを歴史に解消する、いわば代用倫理であって、思想的には事大主義的な処世観と変わるものではない。藤田省三氏が次のような警告を発するのはこの点に関わっている。

日本の右から左までに亘って広く存在している歴史主義的思考法は反省され、克服されねばならない。なぜなら、個人の行為を歴史的因果関係だけで解こうとする歴史主義は、個人の責任を不明確にするものだからである、と。[74]

問題を歴史思考の次元に戻そう。徳永恂氏が述べているように、歴史主義は常に超歴史的なものとの対立的緊張の上にみずからの問題性を維持してきたのであって、歴史内在主義の徹底は歴史主義の問題性の喪失をもたらす。[75]歴史は超歴史的地平をもつということ、このことを私たちは認めざるをえないように思う。なぜなら、ハインペルが適切に表現しているように、人間という「ただ一つの歴史的な動物はまた超歴史的な動物でもある」からである。[76]

第二篇

歴史主義の成立とその克服

第一章 フランス革命とドイツ歴史主義

第一節 フランス革命における《理性》という名の狂気

歴史主義は一八世紀のフランス精神に対してドイツが示した反発のうちにその原形をもっている。フランス啓蒙主義は数学的・抽象的な形式における《理性》の支配を提唱したが、それは貴族などによって構成される《封建社会》と闘いつつ、機械のように精密な官僚組織の創出を通じて、画一的・合理的・中央集権的な主権国家、つまりわれわれが今日《国家》という言葉によってただちに想起するような近代的国家を作り上げようとしていた絶対王政の指導理論となった。

それは歴史的由来にしか根拠をもたないような一切のもの、家柄や領地・ギルド・自治都市など、つまり《封建社会》を構成するすべてのものを仮借なく《理性》に照らして吟味し、その正統性を剥ぎ取り、《理性》と法にのみ立脚する行政機構を対置していった。それとともに、貴族=領主にではなく国王に直属する民、すなわち《公民》の構成する社会が形成され、それは第三身分として第一・第二身分の《封建社会》と対峙した。彼らは、さしあたりまず「国王の代理人」たるの位置を占めていたが、《公民社会》こそが絶対王政の実質的基礎であり、そのもとで形成されつつあった近代的な主権国家の支柱であった。

　E・H・カーによれば、一六世紀から一八世紀にかけて、すなわちマキアヴェルリからルイ一四世統治期のコルベールとその後継者をへてプロイセンの財務官に至るまで、国王の世襲財産の管理という概念から国家の管理という概念への緩慢な発展の道筋をたどることができる。かくして国王の家政《オイコス》の学=オイコノミアは国家《ポリス》の学=ポリティカと融合し、ポリティカル・エコノミー（政治経済学）なる新たな学問が生まれた。そして「社会全体の生産力というものを政治経済学の第一の任務」[1]としたのが重農主義者《フィジオクラット》たちであった。

　彼らは社会の生産力の基礎を農業労働に求めたが、そのような観点からすれば、貴族とは不労所得者であり、《公民社会》とは労働社会にほかならない。《公民社会》のもとでは、すべての個人が労働する者として平等であり、貴族の構成する封建社会は、労働の果実を収奪することによって《公民社会》の上に、免税特権を主張することによって国家の上に寄生する瘤のような存在にすぎない、という考え方はその不可避的な帰結であった。それはルイ一五世の侍医ケネーの著した『経済表』をほんの少し論理的に押し進めれば必然的に導き出される結論であり、事実、ルイ一六世のもとで蔵相を務めたフィジオクラットのテュルゴやネッケルは、そのような考えにもとづき、貴族の犠牲の上に国庫の再建を図ろうとしたのであった。それに対する貴族の反乱によってフランス革命の口火が切られる。

　一七八九年の全国三部会召集は、貴族たちにとって、リシュリューやマザランがもちこんだ専制主義に対して、モンテスキューが理論化してみせたような封建的自由を復興し、国王の上にも三身分の上にも等しく君臨するはずの《神と自然の法》にもとづき、貴族・高僧の助言のもとで行われるような本来の王政への復帰をはかる絶好の機会に思われた。フランス革命は貴族の革命として開始された。他方、妥協的で弱腰の国王に代わって、絶対王政の任務、すなわち貴族に代表される《封建社会》との闘いを継承したのが、官吏や弁護士を代表とする国王直属の民、あるいは国王の代理人たる第三身分、すなわち《公民社会》を代表し、その実現を目指す人々であった。

もし《革命》というものを、建設されるべき社会の青写真とその実現のためのプログラムを掲げ、情熱やストイックな自己犠牲の精神と、テクノクラートのように冷静な知性や訓練された能力によって武装された専門的革命家の集団＝《党》の技術的な実践によって果たされるものである、と考えるならば、フランス革命は決してそのような革命ではなかった。しかしそれはそのような革命の概念を生みだしたのである。またそれは、後年、諦めの気持や非難の意をこめて、あるいは格下げするような意図をこめて語られる「ブルジョア民主主義革命」では決してなかった。そのような性格付けは結果を熟知している者の「あと知恵」にすぎない。

マルクスが言い当てたように「民主制は君主制の真理であり、君主制は民主制の真理ではない。君主制は必然的に、自家撞着としての民主制であり、君主制的契機は民主制のうちにおけるいかなる矛盾、撞着でもない」[2]。王権神授説を唱える絶対王政の政治理論家たちによって、神の法にもとづくとされた王権も、その支えを失ってみれば、歴史的由来や家柄、血統といった《封建的》な素姓を露呈せざるをえない。絶対王政が近代的な主権国家の建設にあたって武器とした《理性》は、実は諸刃の剣であることが明らかとなった。みずから《国民》を僭称した第三身分の議員たちが国王を取り戻すことに失敗した時、したがって国王が国民を取り戻すことに失敗した時、以上のことは一挙に明るみに出た。人々は、すでにルソーが大胆にも《国家》と《人民》を同一視していたことを思い出した。彼らは《理性》の即位を宣言し、ルソーが定式化したような意味での《公民の徳》、すなわち人々がこれまでなじみぶかい環境や習慣に向けていた感情や忠誠心を、今やより抽象的な実体、政治的共同体へと移し、その普遍的・絶対的意志に服従すべきことを強要した。

こうして新たに王座についた《現代の君主》たるジャコバン党は、神の法によってではなく、自然の法であるところの《理性》の法によって主権を行使し、カトリック教会に代えて《理性》崇拝の新たな宗教を創始しようとした。そしてすべての人々が仮借なく《理性》と《公民の徳》の鏡に照らして吟味され、不合格とあれば《理性》に適った処刑用具であるギロチンへどしどし送られていった。《理性》の前では歴史的由来など何の口実ともなりえなかった。かくして《理性》という名の狂気が吹き荒れる。その上、《理性》と《公民の徳》にもとづくテロリズム（恐怖政治）は、革命戦争を通じて全ヨーロッパに拡大されようとした。《理性》を前にしては、民族の特殊性や伝統など何ら口実とはなりえなかった。事実それはナポレオン法典を掲げたナポレオン・ボナパルトによって、より薄められたかたちにおいてではあれ、イギリスを除く全ヨーロッパに宣べ伝えられたのである。

第二節　ドイツ歴史主義の起源

敬虔なドイツは、フランス革命と前後して、フランスが生みだした精神的・政治的所産のすべてに対して反発を示した。その反発の原型はイタリアのルネサンスに対して示されたルターの反発のうちに求めることができる。ルターは、神をカッコで括り、アリストテレス的な自然主義を復興したルネサンス、それに迎合し、聖ペトロ大聖堂の改築に当たってルネサンス芸術の粋を集めようとして、改築資金調達のための免罪符販売を実施した教皇レオ一〇世に対して反発したのであった。ルターが主張したのは「神のものは神へ、カエサルのものはカエサルへ」返すこと、すなわち世俗の固有権の主張に対して、信仰の固有権を守ろうとすることであった。それはカントが「純粋理性批判」というかたちで《啓蒙の理性》の無制限な権利要求、越権行為、独裁の意図を批判した時、彼のうちで働いていたのと同じ精神である。

　フランス革命に対するドイツ人の反発がどれほど激しいものであったか、またそれがどれほど情熱をこめて歴史の復権を目指したかについて好例を提供しているのは、ノヴァーリスが一七九九年に書いた『キリスト教会あるいはヨーロッパ』と題する著作である。近代という新時代になってなにもかも駄目になってしまう。聖なるものは遠ざけられ、宇宙の音楽は鳴り止み、宗教は政治的影響力も平和をもたらす力も失ってしまう。かつてただ一人の主権者と多数のギルドと霊妙な空気につつまれた教会での美わしい集いとを相互に結びつけていた紐帯を、フランス革命が徹底的に断ち切ってしまった。近代というこの新時代とこの近代の行った革命によって、キリスト教界の終末が政治的現実となり、時代の運命となった。この近代の新たな信仰は、自然と大地と人間の魂と学問から詩情を一掃し、聖なるものをあとかたもなくなるまで抹殺することにひたすら熱中している。由来としての歴史の終末は世界の非神化であり、真・善・美の喪失であり、人間自身の人間存在の破滅である。ノヴァーリスはこのように主張したのであった。[3]

　フランス革命に対するドイツの反発は、文学の分野ではロマン主義運動において、政治的にはメッテルニヒの復古主義とウィーン体制において表現されたが、ドイツ歴史主義の起源もまたそのような状況のもとにある。ちなみに「歴史の世紀」と呼ばれる一九世紀ドイツ歴史学の隆盛を準備した『モヌメンタ』（『キリスト紀元五〇〇年より一五〇〇年に至るゲルマニアの歴史記念』）編集の事業は、ナポレオンによってプロイセン宰相の地位を追われたシュタインが、ライプツィヒにおける諸国民戦争の勝利によって鼓舞されつつ始めたものであった。

アントーニによれば、歴史主義とは、フランス風の理性優先に対する、つまりは啓蒙の世紀に対するヨーロッパ諸国民の各種伝統の反動および反逆、数学的方法の効力を機械的な物理学から倫理学や政治学に、自然から人間に拡張しようとしたカルテジァン（デカルト主義者）風の抽象的・数学的精神に対する反逆、ヴォルテールや百科全書派からも称揚されていた温情主義的啓蒙専制主義に対する反逆、一八世紀フランスの自然法思想のなかに含まれており、遂にはジャコバン党の心情に入りこんだ抽象的で単純きわまる空想的な思想形式に対する批判であり抗告であった。

「啓蒙主義は明らかに理性崇拝であったから、歴史主義はためらうことなく、魂の非合理的な力を明るみに出し、遂には所定の時点でロマン主義と合流するに至った。そして啓蒙の世紀は世界市民的で博愛的であることを望むあまり、国民の生活やその伝統に執心する態度を卑俗な迷信として軽蔑していたから、歴史主義は国民およびその歴史の理論として立ち現れた。だがとりわけ歴史主義とは、啓蒙主義者にとって濫用・迷信・暴力の連鎖以外ではなかったあの歴史の擁護ということであり、その復権なのである。それは歴史的世界を聖化する哲学として、古代の形而上学や神学にとって代わることになる。人間の生活をどこまでも歴史のなかに封入された生活とみなし、人間精神によって歴史のなかにつくり出された産物を、それ自身のために絶対的価値をもつ、そういうものとして称賛する。要するにそれは、一種の現代のヒューマニズム、同時に歴史の宗教なのである[4]」。

第二章 二〇世紀初頭の危機と歴史主義の概念の変遷

第一節 二つの歴史主義――消極的な歴史主義と積極的な歴史主義

フランスとイギリスでは歴史主義という言葉は知られていなかったし、それが擁した問題もまた知られざるままであった。カール・ポッパーの著作『歴史主義の貧困』がまずイギリスで英語版として出版された時、イギリス人にはその意味がよく理解できなかったようである。例えば、E・H・カーは『歴史とは何か』[5]のなかで、歴史主義という用語を混乱させた、という廉《かど》でポッパーを非難している。

「カール・ポッパー教授といえば、一九三〇年代、ヴィーンで科学の新しい見方について大著を書いた人ですが、大戦中、『開かれた社会とその敵』および『歴史主義の貧困』という少し通俗的な書物を二冊、英語で出版いたしました。これらの書物は、ポッパーがナチズムの精神的祖先と考えるヘーゲルとプラトンへの、また、一九三〇年代のイギリスの左翼の知的風潮であった、かなり浅薄なマルクス主義への反動から強烈な感情的影響を受けて書かれたものです。主たる標的はヘーゲルおよびマルクスの決定論的歴史哲学と称するもので、ポッパーはこれを『歴史主義』という乱暴な名称で一括しております[6]」。ポッパーの著作が用語法の点でカーを当惑させたのは、彼が「歴史を科学に同化する学説」と「歴史と科学とを厳格に区別する学説」とをともに歴史主義と呼んでいるからである。「私は、この『歴史主義』という用語を避けました。なぜなら、この問題を取扱ったポッパー教授の書物は広く読まれていますが、この用語から厳密な意味を奪ってしまいましたから。用語の定義ばかり求めるのはペダンティックです。しかし、自分が何を話しているかを知っていなければいけません。ポッパー教授は、何によらず自分の嫌いな歴史観を『歴史主義』という袋に入れているのです[7]」とカーは言っている。「《歴史主義》というコトバが本当は何を意味するか、あるいは適切には、もしくは本質的には何を意味するか、などと誰も設問する気にはならないだろう[8]」というポッパーの期待は完全に裏切られたわけである。ポッパーが「何を話しているか」がカーにはわからなかったからであろう。

日本の神山四郎氏ともなると、もう困惑を通り越して癇癪をおこしている。彼はわざわざ「『歴史主義』の意味の混乱[9]」と題する一文を草して、ポッパーのもちこんだ歴史主義という言葉は「一つの混乱をひきおこしている。すくなくともこれは諸学者にとって迷惑なつまずきの石になるので、早くとりのけた方がよい」と主張した。神山氏が、マイヤーホフ、リー、ベック、ホイシーらの見解を要約していうところによれば、歴史主義とは、歴史についての非体系的アプローチ、反理論性、懐疑と相対化によって特徴付けられる「いつも受け身できわめて消極的な思想」「うしろ向きの思想」である。

「ところがポッパーのいう歴史主義（例えばマルクスのような）は前向きのもっともラディカルな社会革命理論である。消極的な多分にエトス的要素以上のものでない歴史主義と、もっとも積極的な社会理論としての歴史主義を同一の概念で呼ぶことは、どうしても誤解を生じるおそれがある。同一の概念が全然一致しない、一致しないどころか反って相反しあう内容を含むとすれば、それをつかう場合の混乱は避けられない」。「ポッパーが歴史主義と呼ぶ同一の対象に対して、それを否定する者が自らを歴史主義と呼んでいるのであるから、かれらから見ればそれは非歴史主義である。そうするとまさに一つの概念の内容が歴史主義と非歴史主義を同時に含んでいることになる。これは矛盾である」——以上が神山氏の主張である。

時として、私たちは、このようなAはAであり非Aではないというだけの同一律、排中律の論理しかもちあわせないひどく単純な議論に出くわすことがある。歴史主義という言葉に科学的アプローチを肯定する見解と否定する見解が同時に含まれるという矛盾は、ポッパーがもちこんだ混乱ではなく、歴史主義自体のもっている性格である。ホイシーによれば、歴史主義の問題においては「直接に矛盾しあったことばの意味がぶつかりあう。そのことは、歴史主義を拒絶する研究者が、逆に他の人々から歴史主義の責めを背負わされるといったようなばあいに、もっともはっきりと露呈しているのである」。「それの或る一定の意味がまもなく勝ちを制する、といった見込みはほとんどないのである」[10]。

ポッパーによれば「わたしのいう《歴史主義》とは、歴史的な予測が社会諸科学の主要な目的であり、またその目的は歴史の進化の基底に横たわる『律動』や『類型』、あるいは『法則』や『傾向』を見出すことによって達成しうると仮定するところの、社会諸科学に対する一つの接近法である」[11]。「歴史的な予測」のために自然科学的方法を適用することが可能だとする考え方が「《歴史主義》の自然主義的な主張」であり、適用に反対する考え方が「《歴史主義》の反自然主義的な主張」だが、眼目は両者を区別することではなく、双方に対して「歴史的な予測」が不可能であることを論証することによって、《歴史主義》を批判することにある。その矛先の一つは《歴史主義》が歴史の予測に当たって援用する「全体論」、すなわち社会を生物学的有機体との類比によって理解する社会有機体理論である。もう一つは、社会をまるごと変革しうるとする全体論的ユートピア主義と《歴史主義》との「神聖ならざる同盟」である。

たしかに歴史主義はその起源においては歴史についての非体系的アプローチ、いつも受け身できわめて消極的な思想、うしろ向きの思想であった。ヘルダーやグリムが言語や風俗・民謡・民話を採集していた時、それが「最も積極的な社会理論としての歴史主義」に帰結するであろうなどとは誰も考えなかった。ところが第一次世界大戦後、とくに一九二〇～三〇年代のドイツで、積極的な社会理論としての歴史主義が登場したのである。ポッパーが主として標的としたのは、そのような歴史主義であった。

なお、重田英世氏は、二つの歴史主義に「相対的歴史主義」と「絶対的歴史主義」という名称を与えるべきことを提唱している[12]。魅力のある用語法ではあるが、ベネデット・クローチェが自分の立場を「絶対的歴史主義」と命名しており、それは重田氏の提案するそれとは内容が異なるため採用しなかった。また、この二つの歴史主義は、茅野良男氏の区別する「論難の対象としての歴史主義」と、「歴史主義の積極的な主張」にほぼ一致する[13]。

第二節　E・H・カー『歴史とは何か』における一九世紀と二〇世紀

ポッパーが標的とした積極的歴史主義が登場した二〇世紀初頭とはどのような歴史状況だったのだろうか。ホイシーはその著作『歴史主義の危機』のなかで次のように述べている。

第一次世界大戦を前後して、ヨーロッパの人々はこれまでとは全く違った目で一九世紀を顧みるようになった。「世界大戦の陰気な、くすぶりのみえる廃墟からふり返りながら、人々は、一九世紀そのものがかつてそのなかで生き活動していたところの、そのむかしの光とはまったく別の光のもとに、一九世紀をながめたのである。戦前の時代がそれによって満たされていたところの、特別に厳粛な文化感情の代わりに、いまや周知の陰気な文化批判が登場し、そしてそれはとくに歴史にむけられたのである」[14]。

カーもまた「一九一四年以後における私たちの社会の性格の或る根本的変化」について語っている。西ヨーロッパの知識人にとって、一九世紀は自信とオプティミズムに満たされた居心地のよい時代であった。なかんずく一九世紀のイギリスといえば、その繁栄・勢力・自信が絶頂をきわめたヴィクトリア朝の時代によって特徴付けられる。カーは「ヴィクトリア時代のオプティミズムの息子として生い育った」ことを告白し、さらに次のように述べている。

「私は一九一四年以前の自由主義の伝統に属していた。つまり、信条として合理的な進歩、妥協を通じての進歩を信じていた。しかし、一九一四年以後、第一次世界大戦および空しかった平和がリベラリズムの破産を明らかにした後は、すべて何らかのしかたでわれわれの自由主義的な環境に反発してきた」。やがて彼は「一九世紀の合理的な思想に抵抗した」ドストエフスキーやマルクスについて研究し、さらに「妥協を通じての進歩を代表しているとは言いようのないロシア革命の研究」に多くの時間を費やすことになった[15]。カーが『歴史とは何か』と題する講演で行ったことは、もっぱら、今世紀初頭にヨーロッパの経験した「根本的変化」が歴史の思惟に及ぼした影響を、それぞれのテーマに即して跡付けることであり、またそれに対する自分の態度をはっきりさせることであった。

一九世紀は大変な事実崇拝の時代であり、それはフランス流の実証主義によっても、イギリス流の経験論哲学によっても支持されていた。しかし、とくにイギリスでは、それは自由放任の経済学説と内面的に深いつながりをもっていた。というのも、人々は暗黙のうちに、事実を確かめさえすれば、おのずから見えざる神の手が働いて、その間に普遍的な調和をもたらしてくれるであろう、と考えていたからである。歴史上の事実それ自身が、より高いものへと向かう恵み深くかぎりのない歴史の進歩を立証するものと考えられていた。それは、個人と個人、個人と社会の間に予定調和を想定することによって、心おきなく個人主義的でありえた一九世紀の個人崇拝の雰囲気とも合致していた。

一九世紀を通じて次第に発展してきた社会科学の一つとしての歴史の見方を支えていたのは進歩についての信仰であった。それはフランスの進歩史観にとって歴史の法則とは進歩の法則にほかならなかったのと同様である。一九世紀にあっては、イギリスの歴史家たちはほとんど例外なく歴史のコースを進歩の原理の証明であると考えていた。バックルは、人間現象のコースは「普遍的で例外のない規則性という一個の光栄ある原理によって貫かれている」という確信を表明したし、アクトンもまた「われわれは、歴史を書く場合の基礎となる科学的仮説として、人間の世界における進歩ということを前提しないわけにはいかない」と述べたのであった。さらにそれはダーウィン革命以降、社会を一つの有機体と考え、進歩と進化を同一視することによって補強された。

ところが二〇世紀の初頭、第一次世界大戦やロシア革命によってもたらされたヨーロッパの地殻変動によって、こうした一九世紀の歴史観はことごとく懐疑の眼にさらされるようになった。「ヴィクトリア時代の積極的な信念と冷静な自信」に代わって、「当惑と取り乱した懐疑主義」が登場した。前世紀中葉から一九一四年にかけて、イギリスの歴史家にしてみれば、歴史的変化はより良いものへの変化としてでなければほとんど考えようがなかった。ところが、一九二〇年代以降、変化が将来への恐怖と結びつきはじめ、より悪いものへの変化と考えられるような時期に入り込むことになった。例えば、第一次世界大戦後、トインビーは直線的歴史観に換えるに、カーによると没落期社会の典型的な観念である循環理論を提出した。それによれば、ヨーロッパの文明は宗教改革以降分裂抗争の時代、すなわち衰退期に入っている。またベリーは、一九二〇年に『進歩の観念』を著し、進歩史観の本格的な再検討を試みた。彼によると「ロシアに現在の恐怖政治を打ち立てた空論家たち」によって、進歩の観念は手ひどい傷手をこうむってしまった。

進歩についての確信が揺らぐや、歴史における法則の存在とか、社会科学の一つとしての歴史学といった考えもまた再検討の俎上に載せられることになった。そもそも自然科学の分野においてさえ、「自然の諸法則が発見され、決定された」などと考える人はいなくなったし、法則という考え方自体、フランスの数学者アンリ・ポアンカレが公にした『科学と仮説』という書物によって否定されてしまった。今日では、一八世紀や一九世紀の科学者たちが一般に法則を信じていたような意味では、もう誰も法則の存在を信じてはいない。とくに歴史の分野においては、「変化がより悪いものへの変化」であると感じられる以上、もし歴史に法則などというものがあるとしたら、とりもなおさずそれは、いまわしい運命ということにほかならない。かくして、一九三〇年代に執筆活動をしていたコリングウッドは、科学的研究の対象である自然の世界と、歴史の世界との間に明確な一線を引くことに特別の熱意を示したのであった。

イギリスの著述家たちが歴史における偶然の重要性を新しく主張するようになったのもまた、二〇世紀とともに始まり、一九一四年以後顕著になった不確実と不安というムードのもとにおいてであった。そうした音調を最初に響かせたのは先のベリーであり、彼は一九〇九年の『歴史におけるダーウィニズム』において、偶然の一致という要素に人々の注意を惹きつけ、一九一六年には『クレオパトラの鼻』を著した。

このように歴史観が大きな変容をこうむると、歴史における事実の優越性と自律性という学説もまた再検討されざるをえなかった。一九二〇年以降、「歴史というのは現在の眼を通して、現在の問題に照らして過去を見るところに成り立つものであり、歴史家の主たる仕事は記録することではなく、評価することである」とするクローチェの主張がフランスやイギリスで大流行するようになった。アメリカのカール・ベッカーは「歴史上の事実は、歴史家がこれを創造する」と主張し、コリングウッドは歴史記述における歴史家の役割を強調するとともに、過去の問題を研究するのは現代の問題を解く鍵としてである、と述べた。

以上が、ヨーロッパの危機が歴史学に及ぼした影響についてのカーの要約である。

第三節　歴史主義の危機とその概念の変遷

カーの発言はあくまでもイギリスの状況に身を置いてのものだが、同様のことはほかのヨーロッパ諸国でもさまざまな偏差をともないつつ生じた。とりわけ第一次世界大戦の敗戦国であるドイツでは、危機はより深刻であり、懐疑はより徹底していた。しかもドイツにおける精神の危機は、第一次世界大戦がもたらした直接の結果ではなく、一九世紀末以降、ドイツ社会がこうむった変質のなかで、すでに世紀の変わり目の頃から気付かれはじめていたことであった。その危機を照らし出すために、あるいはその克服のために、人々は新しい概念を生みだし、また既成の言葉に新しい意味をこめて語りあうようになった。それらのなかには象徴的なことに「問題的（Problematik）」という言葉があり、それは一九三〇年代には流行語となった。そして一九世紀を通じて、全然気付かれなかったり、あるいは自明の理であると考えられていたさまざまな思考の諸前提が「問題的」であるとして次々と摘発され、「自然主義」「心理学主義」「近代主義」などという言葉によって語られはじめた。「歴史主義」という言葉もまたそれらと肩を並べて登場し、一九三〇年頃になってようやく精神諸科学の分野の多くの研究者たちに受け入れられるようになった。

ドイツにおける精神の危機をもっとも早くかつ鋭敏に感受したのはニーチェであった。彼は一八七三～四年に著した『反時代的考察』のなかの「生に対する歴史の利害」において、「歴史的なもの」の過剰が生に対して及ぼす害を「歴史病」として曝き出し、そのもとはヘーゲルが芸術や宗教のような精神的な力にかえて、歴史を絶対的主権の座につけたからである、歴史的な感覚は覆面の神学にすぎない、と主張した。さらに、のちの一八八〇年代の遺稿『力への意志』には、はっきりと「歴史主義―Historismus」という言葉が登場する。「没落としてのペシミズム――それは何のなかにあるか。柔弱として、コスモポリタン的な感じの柔かさとして、〈すべてがわかる〉ことと歴史主義として。――その危険な緊張状態、極端なものが出現して優位を占める」。

ニーチェ自身はヘーゲル的な世界史の究極目的や摂理の計画や歴史における理性などの「歴史的なものの神話」をはっきりと退け、「ただ完全なもの、正しいものへの無条件的な信仰においてのみ、人間は創造する」と考えて、「非歴史的なもの」、「超歴史的なもの」への信仰を表明している。そして「ヘーゲルの歴史の全体観」のもとで「危険な緊張状態」にもかかわらず均衡を保っていた諸要素、例えばコスモポリタニズムとナショナリズム、普遍主義と個体主義などは、その後分解し、やがて懐疑主義とニヒリズムのなかから、一九二〇〜三〇年代には「極端なものが出現して優位を占める」ことになるであろう。

もっとも、アントーニによれば歴史主義という言葉を創り出したのはニーチェではなく、哲学史家のカール・ヴェルナーであった。彼は一八七九年のヴィーコについての著作のなかで、人間精神に認識可能なただ一つの現実、それはその現実をつくるが故に歴史である、とするヴィーコの哲学の独自性をこの言葉で示そうとした。この場合、この言葉に非難の意はこめられていなかった。

ついで、それは良くない傾向を指し示す言葉として、経済学のいわゆるオーストリア学派のポレミックな著作のなかに姿を現す。その頃、法則の学としての経済学という古典的な概念を更新させたこの学派と、経済学を経済活動とその形式の単なる歴史に還元させるよう主張して、当時いうところの「講壇社会主義者」によって支持されていた経済学の歴史学派との間に行われた論争はその頂点に達していた。オーストリア学派の指導者メンガーは『ドイツ政治経済学における歴史主義の誤謬』と題された一八八四年の著作のなかで、反対派の指導者シュモーラーの論文に攻撃を加えた。ややあって、同じオーストリア学派のいま一人の経済学者ダスターフ・ヴァグナーも、経済理論と経済史の間の相違をことごとく消し去るような反対派の主張を「歴史主義」として告発した。ホイシーが一九二九年に行った講演をもとにした『歴史主義の危機』には、「かれはそれをすでに先行した討論から受けとっているようにみえる」としつつ、このヴァグナーにおいて「私の知っているかぎりでは『歴史主義』が初めて立証的に見出される」と書かれている。

世紀の変わり目のこちら側では、この言葉は哲学的・歴史的・神学的領域にまで進出しはじめる。神学の分野では、一九〇四年、フェルディナント・ヤコブ・シュミットが、アルブレヒト・リッチェルの実証主義的神学を非難するにあたって、「心理学主義」および「歴史主義」という言葉を用いた。哲学の分野では、ジンメル、リッケルト、ヴィンデルバントらが、ヘーゲル以後一九世紀後半の、ヘーゲル中央派やとくにディルタイの哲学史研究に対して、この言葉をもって批判の鉾先を向けた。

ジンメルは一九〇四年の『哲学の歴史について』のなかで、「哲学的な学説はただ歴史的にのみ、つまりその先行者との歴史的連関からのみ了解されるという哲学的歴史主義」においては、「歴史概念は、自然概念が偶像になったのと同様に偶像となる」と指摘した。またリッケルトは同年『歴史哲学の諸問題』のなかで、歴史主義は相対主義と懐疑主義の一形式であり、その帰結はニヒリズムであるとして、その克服を訴えた。

それに応えるようなかたちで、ディルタイを主要な攻撃対象として書かれたのがフッサールの『厳密な学としての哲学』（一九一一年）であった。彼によれば、ロマン主義の哲学、ことにヘーゲルの哲学とともに「哲学的な学問性をはじめて可能にする理性批判」が薄れ、哲学はしだいに懐疑主義と相対主義に陥った。というのも当時の「自然主義的な哲学」と「歴史主義および世界観の哲学」は、双方ともに理念を事実に改造し、事実に対する迷信をもち、個別的で偶然的な事実にばかり関与して、普遍的な本質を求めることを忘れたからである。歴史主義という言葉はこれらの哲学者によって、ようやく一つの明確な意味を結晶させた、という印象を受ける。それは一九世紀後半の哲学史研究における、理念に対する事実の優位、理念の歴史への解消を指し示す言葉として一旦定着した。しかしただちに、それは一九世紀の精神生活を特徴付ける一つの部分現象である、とみなされるようになる。

まずカール・ランプレヒトが一九世紀の「五〇年から六〇年の精神科学の不毛な歴史主義と同様の、芸術や文学の無力な模倣時代」について語った。ついでヴィンデルバントが一九〇九年に著した『十九世紀ドイツの精神生活における哲学』の第四章「実証主義、歴史主義、心理主義」において、この問題はより詳細に検討された。彼は歴史主義を心理主義とともに「十九世紀の実証主義」というより広いテーマのうちに位置付けた。一九世紀後半になって、自然科学とともに歴史科学や文化科学の発展がみられた。しかしヘーゲル以降、「哲学の軽蔑の時代」が始まり、哲学が不毛になればなるほど哲学の歴史が栄えた。哲学の歴史はほかのあらゆる歴史的な学科と同様に経験的な学問になり、歴史的相対主義は「形而上学的な思索のさまざまな歴史的諸形態」の心理学的な説明を好んだ。こうして、哲学の代用品として哲学史と心理学が現れた。それは「時代の実在論的で経験論的な要求にふさわしいものであったが、しかし哲学はなく哲学の歴史のみがある、ということのうちに、あの時代の学問的な危機があった」とヴィンデルバントは述べている。

トレルチもまた一九一三年の一九世紀に関する研究において、歴史主義を「世紀の重大な特性」であると考え、「純粋な歴史主義へむけて、つまり歴史的な知覚をあれこれとかきあつめながらも、それが現代に対しては何らの生産性ももつまい、という厄介でうんざりする印象をまきちらせながら、任意の過去の形成物をまったく相対主義的に再蘇生させることへむけて」歴史を改造してしまうことについて述べている。

このように、一九世紀末から二〇世紀の初頭にかけて、もっぱら論難の対象として意識されるようになった歴史主義のことを、私たちは《一九世紀の消極的な歴史主義》と呼ぶ。この言葉は最初は同時代の思想のある種の傾向を指し示すものであった。例えばホイシーは一九二九年においてもなお、この言葉を「一九〇〇年頃の時代の歴史記述」に限定して用いている。しかし歴史主義はやがて一九世紀全体を特徴付ける「世紀の重大な特性」であるとみなされるようになり、今日では、その起源がその存在の予想もされなかった一八世紀、さらには一七世紀にまで遡って探索されるに至っている。ふつうドイツではヘルダーが、イタリアではヴィーコが、そしてイギリスではシャフツベリやヒュームやバークなどがその先駆者と考えられている。

アントーニが言っているように、「この言葉の変遷が示す大きな特色は、この言葉が『歴史主義の危機』が語られはじめたまさにその時点で一般に使われだしたという点にある。この言葉の表現する現実が深刻な危機と苦悩を露呈したまさにその時、その現実がわれわれの思想や文明の歴史のなかに存在していたという事実に、人ははじめて思い当たった」のであった。[16]

ホイシーのいうところによれば、なお一九一三年頃には歴史主義という言葉に出会うことはまれであった。ところが、第一次世界大戦を経た一〇年のちにはそれは日常的となる。その言葉が伝播されたのは、大戦前にすでに現れていて、大戦中も、とりわけ大戦後に強力に増大してきた精神的運動、すなわち一九世紀的な思惟の決定的な克服へと向かって突進する運動を通じてであった。そして一九二二年に公表されたトレルチの『歴史主義とその諸問題』という著作によって、この言葉はドイツの思想界にしっかりと定着した。しかもここで歴史主義の概念はもう一歩飛躍し、自然主義と並ぶ近代の世界観であるとされるに至った。アントーニが述べているように、一旦、歴史主義という言葉が流布してみると、われわれの文化のことごとくが「歴史主義的」であることが判明したのである。

さらに、歴史主義が近代文明の一要素とみなされるに至って、もう一つの重要な意味変化が生じた。これまで、創始者のカール・ヴェルナーを別とすれば、歴史主義という言葉は常に悪い意味で使われてきたのであった。ところがトレルチはそのような歴史主義を、無制限な相対主義、意志と生命の麻痺という形で表現される「悪しき歴史主義」であるとし、これを本来の歴史主義から区別したのである。彼のいう本来の歴史主義とは、すべてのものが生成の流れのなかに、常に新しい個性化のなかにありながら、その個別的なものが絶対者の生の過程への参与を目指す、という「歴史の一般的な法則」を確信しているような思想のことだという[17]。

「悪しき歴史主義」ではなく、称揚されるべき本来の歴史主義の研究という仕事を引きうけたのはトレルチの友人のマイネッケであった。彼はトレルチに捧げられた『近代史における国家理性の理念』、および一九三六年の『歴史主義の成立』において、歴史主義とは「歴史における個体性と発展に対する感覚」であるとし、それはヴィーコと一八世紀のイギリスの若干の著作家のなかになにがしか先駆的なものがみられはしたが、ドイツ思想によってはじめて十分に肯定されたものであり、歴史事象を理解するに当たって人間精神が到達した最高の段階を示すものであった、と述べた。彼は多様性のなかに統一を捉える態度によって、ゲーテと歴史家ランケにおいて歴史主義はもっとも高く精巧な局面に達している、と考えた。

トレルチとマイネッケをターニング・ポイントとして、歴史主義の概念は一つの転回を経験した。これ以降、一九世紀末の「悪しき歴史主義」の克服を歴史主義の名において図る試みが登場する。「悪しき歴史主義」がヘーゲル以後の思弁の衰退によって発生したとすれば、その克服はヘーゲルへの回帰という外観のもとで行われた。トレルチその人が、その自叙伝の梗概のなかで、歴史主義的相対主義の克服をライプニッツ、マルブランシュ、ヘーゲルによって表された方向における形而上学において実現する、という構想を述べたのであった。

それを背後から促進していたのはホイシーのいう精神的運動、相対主義や懐疑主義・ニヒリズムの克服のために、形而上学と「ジンテーゼ」（総合）へ向かって一九世紀の思惟の決定的な克服を目指して突進する運動、あるいはベルンハイムのいう「一切の人間共同体に於ける個人を目して、有機的な部分作用、其ら共同体に於て活動する一個の全体なるものの部分とする」ような「全体性哲学」の台頭であった[18]。そのもっとも先駆的な実例がテオドール・レッシングの一九二一年の著作『無意味なものの意味賦与としての歴史』に見られる。彼は、「歴史は統一的な主体をもった、時間のなかで統一的に性格づけうる過程として把握さるべきである」とし、このような想定を、事実には反するが「二百年以来の慣行となっている歴史主義」と名付け、その模範をヘーゲルの歴史哲学のうちに求めた。

「悪しき歴史主義」として告発された一九世紀の消極的歴史主義の危機のなかから、積極的歴史主義が登場した経緯、その極端な帰結がファシズムとコミュニズムにほかならないことなどについては、第一篇の第六章と第七章で述べたので、ここでは繰り返さない。

ポッパーの『歴史主義の貧困』は、そのような「二〇世紀の積極的歴史主義」の蔓延と暴走に歯止めをかけようとしたものであった。《歴史主義》に対する彼の批判は、論理的な批判と危険性の指摘の両面にまたがっている。

論理的な批判は、歴史をまるごと認識できるとする全体論（ホーリズム）と、未来を予測できるとする主張に向けられている。このような主張は、たいていの場合、社会集団を生物有機体との類比によって解釈する生物学的有機体理論と結びついている。全体が諸事実の単なる総和ではなく、有機体のように組織された一つの構造であり、それをくまなく認識することが可能だとすれば、その構造を変化させる未知の事実は存在しないことになるであろう。しかし、未知の事実が存在するかしないかをあらかじめ知ることはできない。また、未来の予測はその行為自体が未来に影響を及ぼす。未来予測が楽観的ならばその予測の結果を促進する効果がある。悲観的ならばその予測の結果に対して抑止的に働く。いずれの場合でも、予測が未来に与える影響まで予測することはできない。

「合理的もしくは科学的な方法によって、われわれの科学的知識が将来どのように成長するかを、予測することはできない。したがってわれわれは、人間の歴史の未来の経過を予測することはできない。歴史的予測の根拠として役立つような、歴史の発展に関する科学的理論はありえない」。――これがポッパーの結論である。これを私たちの言葉で言い換えるならば、全体論も未来予測も、本質的にはすべてが知られている、新しいことはなにも起きない、つまり時間が止まっていることを前提としている。それはみずからを終末の時に置き、神の視点でものごとを見るようなものだと言えよう。

ポッパーによる《歴史主義》の危険性の指摘は、とくにその能動主義的な主張に向けられている。人間の願望や思い、夢や推理、恐怖・知識・関心、そしてエネルギーなどはすべて社会の発展における諸力である。しかし、《歴史主義》は「歴史の主たる流れに適合した計画だけが実現可能でありうる」と主張する。したがって、「諸変化の到来を助けるような活動だけが合理的」だという。かくして「現在の人類がそのなかで苦しんでいるような必然の王国から自由と理性の王国への移行が、理性によってもたらしうるのではなくて、奇蹟的にも苛酷な必然性のみによって、つまり歴史的発展という盲目的で峻厳な法則によってのみ、もたらしうる」ということになる。そのような主張は運命論の一変種であり、運命によってより良い未来が約束されているという楽観論を支えているのは信仰にすぎない。

《歴史主義》において、科学的予測と一致すると考えられた計画が全体論と結びつくことによって、社会全体を改造しようとする全体論的・ユートピア的技術が模索される。ユートピア的技術によって、社会全体の改造が社会実験として実行される時、《歴史主義》の危険性が露わになる。社会実験の成否にかかわるもっとも不確実な因子は個人の気まぐれや反発など、つまり人間的因子である。したがって、社会実験には社会の変革のみならず、人間の変革も含まれることになる。人間の変革が教育という穏やかな方法で行われる場合でも、全体論的統御は人間の精神の平均化を導かざるをえない。

「きわめて大きい規模で計画をしようという試みはすべて、穏やかないい方をしても、多くの人々に少なからぬ期間にわたって非常な不便をかけざるをえない企てであり、したがってその計画に反対し、それに不満をもらす傾向がつねに生じてくる。ユートピア的技術者は、もし何かを成就しようとするならば、それらの不平の多くのものに対して聞く耳をもってはならないことになる。実際のところ、不合理な異議を抑圧することが、彼の仕事の一部となるだろう。しかしそれとともに、合理的な批判をもかならず抑圧しなければならなくなる」。

この穏やかな表現の背後に思想の統制や弾圧、強制収容所や拷問、処刑を思い浮かべることは容易であろう。ポッパーがこのような《歴史主義》の危険性を指摘する時、念頭に浮かべていたのはファシズムとコミュニズムであった。彼は全体論的計画者として「二つの名」(ヒットラーとスターリン)を想定していることを隠してはいない。かくして、彼はその著作を「歴史的命運という峻厳な法則を信じたファシストやコミュニストの犠牲となった、あらゆる信条、国籍、民族に属する無数の男女への追憶」に捧げたのであった。

終章 歴史のイデア的領域

これまでの考察によって歴史主義の弊害を明らかにすることはできたと思う。極端な言い方をすれば、消極的歴史主義は懐疑主義とニヒリズムをもたらし、積極的歴史主義は狂信とテロリズムをもたらす。しかし、ポッパーがいうように、歴史の全体認識や未来社会の構想が不可能だとしても、そのような試みはまったく無意味なのだろうか。私たちはまた消極的歴史主義におけるような、懐疑主義やニヒリズムに退歩しなければならないのだろうか。

ヤスパースは人間にとって統一的・総括的な全体像としての人類史を構想することは不可避的な要求であることを認める。歴史がそうした全体なのだとすれば、それは始めと終わりを、すなわち起源と目標をもたなければならない。しかしそのことと「世界が全体として原理的に認識可能である」ということは同じではない。後者の見地に立てば「物事の全体的過程は必然的であり、根本的にはすでに確定している。したがって世界が原則として、すでに認識されている」という独断論が生まれる。それは政治的には「全体計画化」とその実現のための独裁と暴力に帰着する。その理論的な前提は、想定された事実、事実であって欲しい関係についてのご都合本位の「臆測的な史的全体知」である。そうではなくて、歴史における起源と目標とは一つの限界表象、それを通して人間存在の本質への問いに対する解答を得るための一種の思考実験である。経験の深まりと知識の広がりにともなって、そう思い込まれていた全体知は新たな限界にぶつかり、みずからを部分知として自覚せざるをえない。しかしそれは同時に目指されるべき新たな全体知が生成することであり、部分知は限界状況における《破開》を通して不断に全体知へと高まってゆく[19]。

歴史主義のもっとも大きな弊害、それは歴史における超歴史的地平の存在を否定し、ユートピアのような超歴史的理念をも歴史に閉じ込めてしまう歴史内在主義にあった。晩年のマイネッケは歴史の根底に人間の救済衝動を見てとるアルフレート・ウェーバーの見解を承けて次のようにいう。

「二つの世界が存在する。現実の世界と超現実的世界とである。前者は水平方向の直線的歴史的過程である。しかし人間の魂と良心のなかに故郷をもつ超現実的世界は、体験されたものを味わい、純化し、運命と価値を感得せんものとして迫りつつ、生の最高の充実者たちを垂直方向に仰ぎ見る時獲得されるのである[20]」と。

「精神の王国」とは別に自然もまた歴史における超歴史的地平として存在する。それは古代ギリシャにおけるように、神々をも包み込み、人間に規範を課す神的なコスモスとして意識されたり、またマルクスにおけるように「人間生活の永遠約な自然条件」と考えられたりする。そして人間は自分の本来のあり方を当為として経験するのであって、自然における人間の本来のあり方が探究され、発見されてみると、それは常に現実とはくいちがっており、実現されるべき当為として「精神の王国」のうちにもちこまれることになる。

しかし超現実的世界、あるいは「精神の王国」（それをイデア的世界、理念と呼ぶこともできよう）は無時間的な意味で超歴史的なのだろうか。私たちは言葉の通じない先史の人類を自分たちと同じような意味での人間として認知することができるだろうか。またたとえ言語による記録が残されているとしても、古代エジプトやメソポタミアの、また古代中国の時代に生きていた人々のうちに、自分たちと同一の精神を認めることができるだろうか。彼らは私たちのうちに払拭しがたい違和感を残さざるをえないのではないだろうか。そうだとすれば、私たちは精神や理念の歴史的生成ということについて考えてみなければならない。

ヤスパースは、理念が生成し、人間が精神的存在となった歴史的時期を「紀元前五〇〇年頃、八〇〇年から二〇〇年の間に発生した精神的過程」に求め、それを「枢軸時代」と名付けている。この時代には驚くべき出来事が集中的に起こった。中国では孔子と老子が生まれ、中国哲学のあらゆる方向が開示され、墨子や荘子や列子や、そのほか無数の人々が思索した。インドではウパニシャットが発生し、仏陀が生まれ、懐疑論・唯物論・詭弁術や虚無主義に至るまでのあらゆる哲学的可能性が中国と同様展開された。ペルシャではツァラトゥストゥラが善と悪との闘争という挑戦的な世界像を説いた。パレスチナでは、エリアから、イザヤ、エレミアをへて、第二イザヤに至る予言者たちが出現した。ギリシャでは、ホメロスや哲学者たち、パルメニデス、ヘラクレイトス、プラトン、さらに悲劇詩人たちや、トゥキュディデスおよびアルキメデスが現れた。以上の名前によって輪郭が漠然とながら示される一切が、中国、インドおよび西洋において、どれもが相互に知りあうことなく、ほぼ同時的にこの数世紀間のうちに発生した。これを「イデアの受肉」と表現することもできよう。まさしく「ことばは肉体となって、私たちのうちに住まわれた」[21]のである。

人間が精神的存在となり、人間にとって理念的世界が開示されるとともに、世界の移ろいやすさも意識され、人間の生存が歴史として反省の対象となる。精神の覚醒の始まりにおいて、無限の過去が経過したことが意識され、人間は過去の記憶に支えられるとともに、末世の意識さえもちはじめる。人間は超歴史的動物となったからこそ歴史的動物となったのである。

この時代に基本的範疇が生みだされたが、それらを身につけてわれわれは今日まで思惟している。枢軸時代以降の時代にあっては、枢軸時代のもろもろの可能性の回想と再覚醒は精神的飛翔を生みだすものとなった。この発端への還帰は、中国においても、インドにおいても、西洋においても、常に繰り返される出来事である[22]。枢軸時代以降、人間の歴史的生はヘーゲル的な意味で弁証法的な構造をもつようになる。ヘーゲルにとって弁証法とは「みずからおのれの歩みを創造し、おのれ自身に立戻る前進」であるが、それは人間の歴史的生が経験する論理にほかならない[23]。

人間の歴史的生のこのような弁証法を具体的に理解するにあたって、良い手がかりを与えてくれるものの一つは「古典」の概念である。マルクスはかつて次のような問題を提起したことがあった。

「困難は、ギリシャの芸術や叙事詩がある社会的な発展形態とむすびついていることを理解する点にあるのではない。困難は、それらのものがわれわれに対してなお芸術的なたのしみをあたえ、しかもある点では規範としての、到達できない模範としての意義をもっているということを理解する点にある。人類がもっとも美しく花をひらいた歴史的な幼年期が、二度とかえらないひとつの段階として、なぜ永遠の魅力を発揮してはならないのだろうか？[24]」

　ギリシャの芸術や叙事詩が永遠の魅力を発揮し、今日においても規範たりうるとすれば、それは未来を把持していたことになるであろうし、それが今日もなお「到達できない模範」なのだとすれば、今後なお見通しえない未来を先取りしていることになる。古典とはまさしくそのようなものである。それは過去を包摂するとともにかぎりない未来をも予持する。永遠性とはそうした遍時間的な意味の発生であり、沈澱である。古典は日付をもった過去の一時期に一回的な現象として生みだされたものでありながら、先回りしてその後の人間の精神の根底を形作り、そのようなものとして働き続けるかぎり、それは「永遠の現在」のうちに位置を占める。

第三篇

マルクスにおける《社会》と《自然》

第一章　「疎外された労働」と《類生活》

第一節　初期マルクスの問題意識

一、「ライン新聞」時代

マルクスは『経済学批判』の序言で[1]「わたくし自身の経済学研究の経過」を叙述している。そこで最初に「経済問題にたずさわる動機」が形成された時期として、一八四二〜三年の「ライン新聞」の主筆時代を取り上げ、二つの点を指摘している。第一に「物質的な利害関係に口をださないわけにはいかなくなって、はじめて困惑を感じた」こと。第二に「フランスの社会主義や共産主義の淡い哲学色をおびた反響」に対して、最初「反対を表明」したが、のち「これまでの研究では、なんらかの判断をくだす力のないことを率直にみとめた」こと、である。

マルクスが「困惑を感じた物質的な利害関係」とは、具体的には「森林盗伐と土地所有の分割について」のライン州議会の討議、当時のライン州知事フォン・シャーペル氏がモーゼル農民の状態について『ライン新聞』に対しておこした公の論争、最後に、自由貿易と保護関税とに関する議論」である。このうち、森林盗伐をめぐる論争でマルクスがぶつかったのは私的利害の問題であった。当時の彼は私的利害を次のように考えて、それを普遍的・理性的なものたるべき国家の立場から批判していた。

「私的利害の心臓、その魂は、いつなんどき奪いさられたり、痛めつけられたりされかねない外的な対象物であり、利己心にこりかたまった立法者は、このような非人間的なもの、外的で物的な実在を自分の最高の本質としている[2]」。

彼はこのような私的利害を「低劣な物質主義」、「ある物質とこれに奴隷としてつかえるある意識という、倫理も悟性も感情もなき抽象物」、「国民と人類との神聖な精神に反する罪悪」として断罪し、それに対して「国家理性と国家倫理」を対置している。また、彼はこの論文のなかで、私的利害の法的な表現を「貧民の慣習的権利」、すなわち森林の共同用益権とかかわらせて次のように歴史的に考察している。

「この貧民の慣習的権利は、そのもっとも豊かな源泉を種々なゲルマン的権利にもとめられうるのだが、啓蒙的な立法機関からはまったく一面的に取扱われるほかなかった。というのは、ある種の財産は私有財産とも断定できないし、そうかといって共有財産とも断定できない、きわめてあいまいな性格をもっており、中世の諸制度によくみられるような私法と公法との混合物であったという点に、すべての貧民の慣習的権利の根拠があったからである。ところで、立法機関がいかなる機関によってこのようなあいまいな諸形態をとらえたのかといえば、それは悟性であった。悟性というものは、単に一面的であるばかりでなく、世界を一面的にすることがその本質的な役目なのである。悟性はこうして、ローマ法にその原型をもつ現存の抽象的私法の諸カテゴリーを適用することによって、どっちつかずであいまいな構造をもつ財産を廃棄した」[3]。

このように、「ライン新聞」時代にマルクスがぶつかった問題は、「自然的・精神的区別をすべてすててしまう、倫理も悟性も感情もなき抽象物」としての私的利害の登場であり、しかもそれが啓蒙の時代の悟性の産物として、フランス革命とナポレオンの大陸支配とともにドイツでも支配的となった「ローマ法にその原型をもつ抽象的私法」によって支持されている、という現実であった。これに対して彼は「国家理性と国家倫理」に期待をかけたのだが、モーゼル農民の状態をめぐる論争で、この期待は官僚制的な現実の国家によって裏切られる。

「明々白々たる現実まで、役人にとっては、書類のなかや役所や国家で問題になっている現実およびこの現実に立脚した理論とくらべれば幻覚に見え、したがって官庁の活動範囲だけが彼には国家としてあらわれ、反対にこの官庁の活動範囲外のところにある世界は、すべての国家的心情や見識に欠けている国家の対象としてあらわれる」[4]。

これに対して彼は一応、自由な出版と国王に期待をつないでいる。

「自由な出版は、最後に、国民の窮乏を、その固有の、けっして官僚的媒介物をとおさない姿で、王座の階段のところまで、すなわちその前では行政と被統治者の区別が消滅して、ただ関係の深い公民と関係の少ない公民とが存在するにすぎないところの一つの権力の前に、つれていくのである」[5]。

ここで注目すべき点を三つ挙げておこう。

第一に、フランス革命がもたらした「悟性の支配」や、それをドイツに導入しようとする啓蒙専制君主制国家の官僚制度に対して、多くのドイツ人が示した反発を共有していること。この点ではロマン主義者や保守主義者と同じ基盤の上に立っていた。

第二に、「悟性の支配」に対して、ゲルマン的権利に起源をもつ貧民の慣習的権利、私有財産とも共有財産とも断定できない私法と公法の混合物としての森林の共同用益権を対置していること。ここにはのちの本源的所有＝共同体のゲルマン的形態についてのイメージの原型が見られる。

第三に、森林の共同用益権の対立物である私的利害を、外的で物的な実在を自分の最高の本質とする「低劣な物質主義」、「ある物質とこれに奴隷としてつかえるある意識」として断罪していること。ここにはのちの私有財産の本質としての「疎外された労働」の概念の原型が見られる。

二、クロイツナハ時代

マルクスの「モーゼル農民の状態」をめぐるライン州知事との論争も一つのきっかけとなって、「ライン新聞」には厳しい検閲が行われるようになり、彼はその機会をむしろ進んでとらえて公の舞台から書斎にしりぞいた。そこで彼を悩ませた疑問を解決するために企てた最初の仕事は、ヘーゲルの法哲学の批判的検討であった。そのノートは今日「ヘーゲル国法論の批判」という表題のもとに見ることができるが、彼は疑問に一応の解答を与えている。

第一に、その前ですべての個人が一様に公民として等質化されるような君主制＝絶対王制、ヘーゲルが『法の哲学』のなかで理論化したようなそれの本質が民主制にほかならないということである。

「民主制は君主制の真理であり、君主制は民主制の真理ではない。君主制は必然的に、自家撞着としての民主制であり、君主制的契機は民主制のうちにおけるいかなる矛盾、撞着でもない[6]」。

第二に、「政治的国家という抽象物は一つの現代的産物である」ということである。「私的諸圏が自立的現存を獲得してこそはじめて政治的体制が政治的体制として完成した在り方をもつことは自明のことである。国家としての国家という抽象物は現代にこそはじめて属する。なぜなら私的生活という抽象物が現代にこそはじめて属するからである」。

これに対して過去においては、例えばギリシャにおけるように、「レス・プブリカ（公共…引用者）は市民たちの現実的な私事であり、政治的国家は政治的国家として市民たちの生活と意欲との真の唯一の内容であるか、さもなければ、アジア的専制政治におけるように、政治的国家はただある一個人の私的恣意にほかならぬか、あるいは、政治的国家も実質的国家のように奴隷であるかのいずれかである」。これらにおいてはいずれも「現実的、実質的な国家と区別された政治的体制、または国民生活の爾余の内容と区別された政治的体制というものはまだ存在しない」。

また「中世では農奴、封土、職業団体、学者団体等々が存在した。ということは、中世では所有、交易、社会団体、人間が政治的であるということである。換言すれば、それぞれの私的な圏は一つの政治的圏であり、さらに換言すれば政治はまた私的諸圏の性格でもあるのである。中世においては政治的体制は私的所有の体制であるが、しかしそれは私的所有の体制が政治的体制であるからにすぎない。中世においては国民生活と国家生活とは同一のものである[7]」。

同じころ書かれたアーノルト・ルーゲあての書簡を見ると、当時彼は自分の実践的指針を次のように定めていた。「政治的国家こそ、たとえそれがまだ社会主義的な要求によって意識的にみたされていない場合でも、それの近代的形態のすべてのうちに、理性の諸要求をふくんでいるのである。だが、それはいたるところで、それの観念的な規定とそれの実在的な諸前提との矛盾におちいるのである。それゆえ、政治的国家のこの自己自身との衝突のなかから、社会的真理をいたるところで展開することができる」[8]。

この頃、彼にはヘーゲルの『法の哲学』がフランス革命を前提としていることが明らかとなり[9]、「法哲学の批判的検討」の一環として、それが素材としているフランス革命の研究にも着手していた[10]。その研究によって、フランス革命の評価に関する彼の立場は「ライン新聞」時代から一転し、それに対する感情的な反発を「ドイツ愛国主義」として一蹴している。こうして彼は書斎での研究成果を携え、「ドイツ愛国主義に対するフランス革命の勝利」を目指して、「人間をふたたび回復させたフランス革命」の中心、「新世界の首府であるパリ」へ赴く[11]。

三、パリ時代

マルクスの研究は一八四三年以降パリで継続されるが、ヘーゲルの法哲学の批判的検討の序説は、翌年パリで発行された『独仏年誌』に現れた。それと同時に公表された「ユダヤ人問題によせて」を見ると、マルクスの立場は政治的国家に期待していた「ライン新聞」時代から転回し、「政治的解放そのものは人間的解放ではない」という立場から、フランス革命に象徴される政治的解放を批判している。

『独仏年誌』に掲載された二論文「ユダヤ人問題によせて」と「ヘーゲル法哲学批判序説」は、ともにマルクスのフランス革命論とみなしうるものだが、注意を要することは、フランス革命をアダム・スミスによって解釈するという、ヘーゲルが『法の哲学』で敷いた解釈の軌道に準拠して[12]、彼がイギリス的＝自由主義的な国家と市民社会のモデルを念頭に置いていることである[13]。「ユダヤ人問題によせて」がイギリス的な政治・社会理念にもとづくフランス革命の解釈であるとすれば、「ヘーゲル法哲学批判序説」の方は、フランス革命モデルに直接に依拠しながら、それからの永続革命としてプロレタリア革命のイメージを構想し、その構想のもとに「フランスの社会主義や共産主義」を包摂しようとしたもの、とみなすことができる[14]。

ともあれ、こうしてマルクスのうちに、政治的国家と市民社会の分離が近代を特徴付ける根本的な出来事であり、そのような事態を出現せしめたものがフランス革命に代表される近代の革命であった、という了解が成り立った。彼にとって、近代の革命は三つの異なった様相をもっていた。イギリスにおいては市場経済の出現とその理論的表現としての国民経済学、フランスにおいては市民革命とその理論的表現としての政治思想、そしてそのドイツにおける哲学的反響としての観念論哲学である。マルクスがこの三様の現象を見据えながら、それらを、近代社会の出現という一点において等質な現象とみなしていたことは明らかである。この点については、例えば『経済学哲学草稿』中の次の一節によって裏付けることができる。

「平等とは、フランス的な、つまり政治的な形態に翻訳されたドイツ的な『自我＝自我』にほかならない。疎外の止揚は、支配的な

表 1　初期マルクスの諸研究

	ヘーゲル法哲学の批判的検討	フランス革命の研究	経済学研究
1843 年夏			
（クロイツナハ）	「ヘーゲル国法論の批判」	フランス革命史研究	
（パリ）秋	「ヘーゲル法哲学批判序説」		
44 年 5 月		「ユダヤ人問題によせて」 国民公会の歴史の研究	「経済学ノート」 Ⅰ～Ⅲ 「経済学哲学草稿」 第一草稿 「経済学ノート」 Ⅳ～Ⅴ （「ミル評註」を含む）
8 月	「経済学哲学草稿」第二草稿～第三草稿		

力をもっている疎外の形態からつねに生起する。すなわちドイツでは自己意識から、フランスでは政治がそうであるから平等から、イギリスでは現実的な、物質的な、ただ自分自身によってだけ自分を測定する実際的な欲求から生起するのである」[15]。

フランスにおける政治革命、イギリスにおける経済生活の革命、ドイツにおける理論的革命、これらを市民社会の出現を告げる近代の革命として、その哲学的自己了解を目指すところにヘーゲルの課題があったとすれば[16]、マルクスの出発点もそれと重なっている。ここでマルクスがヘーゲルと区別されるのは、ヘーゲルの出発点が一八世紀のイギリス人やフランス人においてそうであったようなブルジョア社会に置かれていたのに対して、マルクスのそれが一九世紀的な現実だったことである。すなわち、イギリスではすでに機械制大工場制度とそれにともなう貧民の広汎な発生が社会問題となっており、国民経済学においても、アダム・スミスに替わってリカード学派が登場していた。リカード学派は「この学説〔国民経済学〕の諸帰結が、あの最初の見解〔スミスの見解〕とは反対にむしろ人間に敵対的なものであることを立証した[17]」、とマルクスには思われた。また、フランスにおいては自由と平等の社会的実現を目指す社会主義や共産主義の諸思想が展開されており、ドイツでもヘーゲルから後期シェリングを経て、青年ヘーゲル派からフォイエルバッハに至るヘーゲル哲学体系の崩壊過程が進行していた。フォイエルバッハの著作は、マルクスには「ヘーゲルの『現象学』と『論理学』以来、真の理論的革命を内にふくんでいる唯一の著作[18]」であると思われた。

以上のことを念頭に置くことによって、パリ時代にマルクスが併行して行っていた三つの研究、ヘーゲル法哲学の批判、フランス革命の研究、国民経済学の研究を貫く一つのテーマを浮かび上がらせることができる。そして、このテーマに一応の解答を与えようとしたものが『経済学哲学草稿』にほかならない（表1）。

第二節　「疎外された労働」の分析

一、『経済学哲学草稿』の構成と課題

『経済学哲学草稿』（以下、『草稿』と略）は内容上四つの構成部分にわかれる（表2参照）。Cは全体の序文であり、Dは独立した付論である。「序文」でマルクスは『草稿』がどのような意図のもとで書かれたのかについてみずから語っている。

「私は『独仏年誌』のなかで、ヘーゲル法哲学批判というかたちで、法律学および国家学の批判を行うことを予告しておいた。その仕上げをすすめているうちに、ヘーゲル法哲学という思弁にたいしてだけ向けられている批判と、そのヘーゲル法哲学がとりあつかっている種々の素材そのものの批判とを混ぜあわすことは、まったく不適当であり、議論の展開をさまたげ、理解を困難にするものだということが明らかとなった」（一一頁）。

ところで、C・Dを除く『草稿』の主要部分をみると、Aが「ヘーゲル法哲学がとりあつかっている種々の素材」の一つである国民経済学の批判というモチーフで統一されているのに対して、Bはヘーゲルの「思弁にたいしてだけ向けられている批判」と、ヘーゲルが取り扱っている「種々の素材そのものの批判」とが混ぜあわされており、その叙述は「理解を困難にするもの」となっている。そこで、AとBは区

別して考察するのが便宜である。のちに明らかとなるであろうように、Aは叙述として一つのまとまりをもっており、Bは、後のブリュッセルでのエンゲルスとの共同研究、「ヘーゲル以後の哲学の批判という形で、私たち以前の哲学的意識を清算する仕事」、すなわち『神聖家族』と『ドイツ・イデオロギー』に直接連なるもの、その前提をなすものとなっている。

『草稿』は近代ブルジョア社会の出現という事態の自己了解を目指すものだが、それは、一方では「法律学および国家学の批判」の課題との関係のうちに、またもう一方では「フランスの社会主義や共産主義」の評価の課題との関係のうちに置かれている。そして、近代ブルジョア社会とは国家の制約から解放された「私的生活という抽象物」の展開される領域であり、したがって『草稿』が課題とするのは私的生活がそのために営まれる私有財産の批判的な解明である。かくして彼は「私有財産の一般的本

表 2 『経済学哲学草稿』の構成

A	〔第一草稿〕 前半 1 ～ 15 労賃 1 ～ 16 資本の利潤 1 ～ 21 地代 後半 22 ～ 27 疎外された労働 ↓（失われた本文） 〔第三草稿〕 1 ～ 2 私有財産と労働（36 頁への付論） 3 ～ 11 私有財産と共産主義（39 頁への付論） 〔第二草稿〕 40 ～ 43 私有財産の関係
B	欲求、生産、分業 ― 14 ～ 17、17 ～ 18、19 ～ 22、23 ～ 34、35 ～ 38 11 ～ 13、14 ～ 17、17 ～ 18、19 ～ 22、23 ～ 34 ― ヘーゲル弁証法と哲学一般の批判
C	39 ～ 40 序文
D	41 ～ 43 貨幣

数字はマルクス自身が付した頁数を表す。

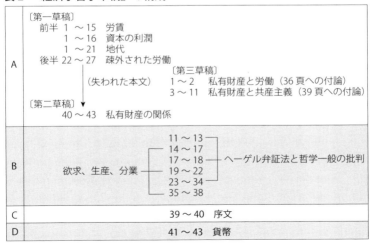

質およびそれの、真に人間的な財産にたいする関係」（一〇五頁）というテーマにすべての問題を集約して、その解答を引き出そうとする。

二、《疎外された労働》の論理構成

マルクスは第一草稿後半「疎外された労働」の冒頭で、国民経済学に対する批判の視点を提出している。「国民経済学は、私有財産が現実のなかでたどってゆく物質的過程を、一般的で抽象的な諸公式でとらえ、これらの公式を法則として通用させるが、それを説明する段になると、自分が論証すべき事柄を、事実とか出来事というかたちであらかじめ仮定し、外的な諸事情から説明」するだけである[19]。これに対して、マルクスは私有財産の運動を「概念的に把握」すべきことを提唱するのだが、それは二つのモチーフをもっている。

第一に、「これらの法則がどのようにして私有財産の本質から生まれてくるかを確証」すること、すなわち私有財産の哲学的な解明である。この課題は《疎外された労働》によって果たされている。そこでは、私有財産の本質が《疎外された労働》であること、それは人間的生命活動の特殊な一形態であることが明らかにされる。

第二に、「外的な、みたところ偶然的な諸事情が、どの程度まで必然的発展の表現にほかならないか」を明らかにすること、すなわち私有財産を歴史的に解明することである。この課題は、第二草稿「私有財産の関係」、および第三草稿〔二〕「私有財産と労働」で果たされている。そこでは、第一の結論が私有財産の運動の歴史、およびそれを反映する国民経済学の歴史の考察からも支持されることが述べられている。

ここでは第一の課題の解明を目指す《疎外された労働》の叙述を分析する。意味の上からもっとも合理的と思われる論理構成を図解すると**表3**のようになる。

近代ブルジョア社会とは私有財産を目指して営まれる「私的生活という抽象物」の展開される領域だが、私有財産の関係は「相互に制約しあうところの、あるいは一個同一の関係のたんに異なった表現にほかならないところの、二つの構成部分に分解」される。すなわち（Ⅰ）労働としての私有財産の関係と、（Ⅱ）資本としての私有財産の関係である。[20]

（Ⅰ）労働としての私有財産の関係――労働者にとっては対象の獲得は疎外として、外化として現れる。これは労働やその労働生産物や非労働者に対する労働者の関係であり、労働者そのものとの関連において外化された労働を、すなわち外化された労働の自己自身に対する関係を考察したものである。

（Ⅱ）資本としての私有財産の関係――労働者の側での外化は非労働者の側では獲得として、労働者の側での疎外は非労働者の側では財産家あるいは資本家等としての真の市民権の獲得

表3 「疎外された労働」の論理構成

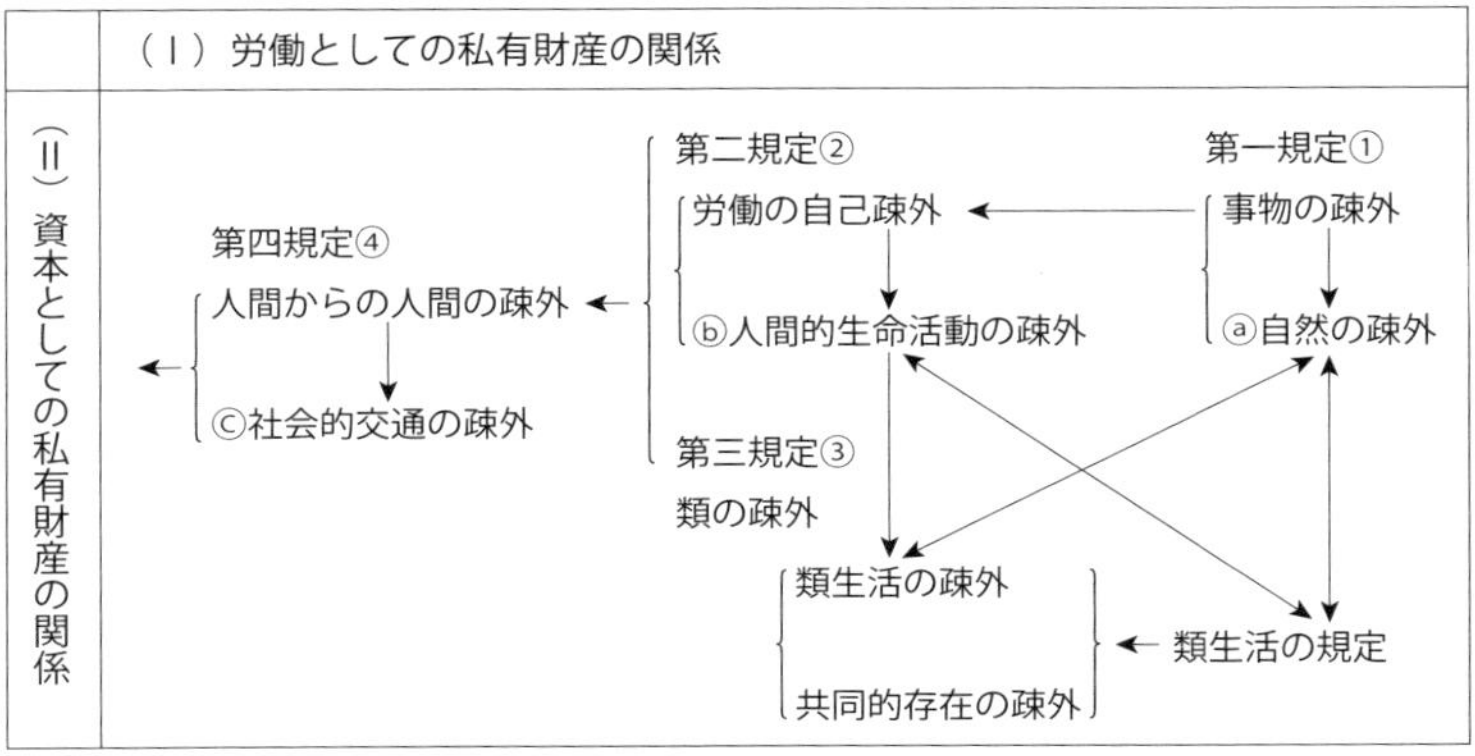

として現れる。これは労働者やその労働生産物に対する非労働者の関係、すなわち労働者および労働に対する非労働者の所有関係である。

表3から私たちには次のことがわかる。

第一に、《疎外された労働》の四つの規定とは、実際にはその一つの側面、すなわち（Ⅰ）「労働としての私有財産の関係」を分析したものであること。それに対してほかの側面（Ⅱ）「資本としての私有財産の関係」は実際には記述されなかった。

第二に、第四規定〈④人間からの人間の疎外〉は〈①事物の疎外〉〈②労働の自己疎外〉〈③類生活の疎外〉に対して異質である。〈④人間からの人間の疎外〉は（Ⅰ）から（Ⅱ）への移行に位置するものであり、したがって〈④人間からの人間の疎外〉が承けるのは〈③類の疎外〉だけではなく、〈①事物の疎外〉〈②労働の自己疎外〉〈③類の疎外〉の全体である。だから〈①事物の疎外〉〈②労働の自己疎外〉〈③類の疎外〉の叙述のなかで、実際には〈④人間からの人間の疎外〉が先取りされて指摘されているのは、叙述の混乱を示すものではない。

第三に、第三規定〈③類の疎外〉も〈①事物の疎外〉〈②労働の自己疎外〉〈④人間からの人間の疎外〉とパラレルなものではない。「人間は一つの類的存在である」という書き出しによって導かれる〈③類の疎外〉は、国民経済上の現に存在する事実としての《疎外された労働》にとって直接的な規定とは理解できない。そこで語られているのは《疎外された労働》ではなく、《類生活》、すなわち人間的生命活動＝生産であり、そこに登場するのは労働者ではなく人間だからである。〈③類の疎外〉はほかの三つの規定に対して次元を異にしている。

以上の点に留意しつつ叙述を一瞥しておくことにしよう。

（一）第一規定〈①事物の疎外〉

労働が生産する対象、つまり労働生産物が一つの疎遠な存在として、生産者から独立した力として労働に対立することを指す。

（i）〈①事物の疎外〉の〈②労働の自己疎外〉に対する関係

労働の対象の疎外において、労働の活動そのものにおける疎外、外化が要約されている。

（ii）〈①事物の疎外〉の〈③類の疎外〉に対する関係＝〈ⓐ自然の疎外〉

労働が生産する対象とは、具体的には、第一に労働の生活手段であり、第二に労働者自身の肉体的生存の手段だが、これらはいずれも自然によって提供されるところの事物、自然断片にほかならない。自然すなわち感性的な外界は、労働者の労働がそこにおいて実現され、そのなかで活動し、それをもとにし、それを介して生産する素材である。だから労働のその諸生産物に対する直接の関係は、労働者の彼の生産の諸対象に対する関係、彼に敵対的に対立する疎遠な世界としての感性的外界ないし自然諸対象に対する関係である。

（iii）〈①事物の疎外〉の〈④人間からの人間の疎外〉に対する関係

生産の諸対象および生産そのものに対する財産家の関係は、この第一の関係のたんなる一つの帰結にすぎない。何故ならば、財産家が存在しうるためには財産が存在しなければならず、それは《疎外された労働》の生産物だからである。

（二）第二規定〈②労働の自己疎外〉

労働の本質的な関係、労働の内部における生産行為に対する労働の関係、この関係は労働者に属していない疎遠な活動としての彼自身の活動に対する労働者の関係である。この労働の自己疎外とは、労働が労働者にとって外的であること、すなわち労働が労働者の本質に属していない、ということであり、だから彼の労働は自発的なものではなく強いられたものであり、強制労働である。

（ⅰ）〈②労働の自己疎外〉の〈①事物の疎外〉に対する関係

〈②労働の自己疎外〉こそが〈①事物の疎外〉の根拠である。かりに労働者が生産の行為そのものにおいて自分自身を疎外されないとしたら、どのようにして彼は自分の活動の生産物に疎遠に対立することができるだろうか。

（ⅱ）〈②労働の自己疎外〉の〈③類の疎外〉に対する関係＝〈ⓑ人間的生命活動の疎外〉

労働の外化は労働が労働者にとって外的であること、すなわち労働が労働者の本質に属していないこと、そのため彼は自分の労働において肯定されないでかえって否定され、幸福と感ぜずにかえって不幸と感じ、自由な肉体的および精神的エネルギーがまったく発展させられずに、かえって彼の肉体は消耗し、彼の精神は頽廃化する、ということにある。だから労働者は労働の外部ではじめて自己のもとにあると感じ、そして労働のなかでは自己の外にあると感ずる。労働していないとき彼は家庭にいるように安らぎ、労働しているとき彼はそうした安らぎをもたない。そのため労働は、ある欲求の満足ではなく、労働以外のところで諸欲求を満足させるための手段であるにすぎない。

（iii）〈②労働の自己疎外〉の〈④人間からの人間の疎外〉に対する関係

労働者にとっての労働の外在性は労働が彼自身のものではなくて他人のものであること、それが彼に属していないこと、彼が労働において自己自身にではなく他人に従属するということに現れる。

（三）《類生活》の規定

（i）〈ⓐ自然の疎外〉を承けて＝自然を普遍的に対象とする生産的生活としての《類生活》

《類生活》は人間においても動物においても、物質的にはまずなにより非有機的自然によって生活することを内容とする。人間は物質的には自然生産物によってのみ生活する。ここで人間が動物と区別されるのは、彼がそれによって生活する非有機的自然の範囲がいっそう普遍的である、という点にある。人間の普遍性は、第一に、自然が直接的な生活手段であるかぎりにおいて、第二に、自然が人間の生命活動の素材と対象と道具であるその範囲において、全自然を彼の非有機的肉体とするという普遍性のなかに現れる。

（ii）〈ⓑ人間的生命活動の疎外〉を承けて＝自由な意識的活動としての《類生活》

生産的生活は《類生活》であるが、それはまた自由な意識的活動である。動物はその生命活動と直接的に一つである。動物はその生命活動から自分を区別しない。人間は自分の生命活動そのものを自分の意欲や意識の対象にする。彼自身の生活が彼にとって対象である。この故にのみ彼の活動は自由な活動である。人間は肉体的欲求から自由に生産し、しかも肉体的欲求からの自由のなかではじめて真に生産する。意識している生命活動は動物的な生命活動から直接に人間を区別する。まさにこのことによってのみ、人間は一つの類的存在である。

(iii)《類生活》の規定

《類生活》とは、自然を普遍的に対象とし、それによって生活することを内容とする自由な意識的活動である。人間は全自然を再生産するが、それは人間が実践的にも理論的にも、彼自身の類をもほかの事物の類をも彼の対象にすることによって可能となる。すなわち動物はただそれの属している種属の規準にしたがって形づくるだけだが、人間はそれぞれの種属の規準にしたがって生産することを知っており、そしてどの場合にも、対象にその対象固有の規準をあてがうことを知っている。

ⓐ自然を普遍的に対象とする生産的生活としての《類生活》は、ⓑ自由な意識的活動としての《類生活》によって可能となるが、またⓑ自由な意識的活動は、ⓐ自然を普遍的に対象とする生産的生活によって、はじめて現実的に確証される。対象的世界の実践的な産出、非有機的自然の加工は、人間が意識している類的存在であることの確証である。ⓐ自然を普遍的に対象とする生産的生活とⓑ自由な意識的活動は《類生活》の二つの規定、二つの契機である。

(四)　第三規定〈③類の疎外〉

《疎外された労働》は人間から、自然を疎外し、自己自身を、人間に特有の活動的機能を、人間の生命活動を疎外することによって、それは人間から《類》を疎外する。それは人間から彼自身の身体を、同様に彼の外にある自然を、また彼の精神的本質を、要するに彼の人間的本質を疎外する。

〈ⓐ自然の疎外〉と〈ⓑ人間的生命活動の疎外〉は、抽象化され疎外されたかたちでの《類生活》として、すなわち〈③類の疎外〉として一括され、規定し直される。
〈③類の疎外〉すなわち人間の人間的本質の疎外とは、人間にとって《類生活》を個人生活の手段とならせること、人間の類的存在を、すなわち自然をも人間の精神的な類的能力をも、彼にとって疎遠な本質とし、彼の個人的生存の手段としてしまうことである。それは、第一に《類生活》と個人生活をたがいに疎遠なものとし、第二にそれは抽象のなかにある個人生活を、同様に抽象化され疎外されたかたちでの《類生活》の目的とならせる。抽象のなかにある個人生活とは〈ⓑ人間的生命活動の疎外〉で示唆されていたように、それらを人間的活動のそのほかの領域からひきはなして、最後の、唯一の究極目的にしてしまうような抽象のもとでの、食うこと、飲むこと等々である。

（五）第四規定〈④人間からの人間の疎外〉

〈④人間からの人間の疎外〉は〈①事物の疎外〉〈②労働の自己疎外〉〈③類の疎外〉の全体を承ける。人間が彼の労働の生産物から、彼の生命活動から、彼の類的存在から疎外されている、ということから生ずる直接的帰結の一つは〈④人間からの人間の疎外〉である。

（ⅰ）〈①事物の疎外〉を承けて

労働の生産物が労働者に属さず、疎遠な力として彼に対立しているならば、そのことはただ、この生産物が労働者以外のほかの人間に属するということによってのみ可能である。

（ⅱ）〈②労働の自己疎外〉を承けて

人間が彼自身の活動に対して、不自由な活動に対するようにふるまうとすれば、彼はこの活動に対して、あるほかの人間の支配や強制や桎梏のもとでこの人間に奉仕する活動に対するようにふるまっているのである。

(iii)〈③類の疎外〉を承けて

人間の自分および自然からの自己疎外はいずれも人間が自分から区別されたほかの人間たちに対するものとして、自分や自然にあたえる関係のうちに現れる。

(iv)〈①事物の疎外〉〈②労働の自己疎外〉〈③類の疎外〉と〈④人間からの人間の疎外〉との関係

〈④人間からの人間の疎外〉が〈①事物の疎外〉〈②労働の自己疎外〉〈③類の疎外〉の直接の帰結であるとは、それらが〈④人間からの人間の疎外〉の根拠、基礎、それを支え、再生産するものであるということである。《疎外された労働》を通じて、人間はただ生産の対象や行為に対する彼の関係を疎遠な、そして彼に敵対的な人間に対する関係として生みだすだけでなく、彼はまたほかの人間たちが彼の生産や生産物に対して立つ関係をも生みだす。彼は生産しない人間のこの生産や生産物に対する支配を生みだす。

しかしまた、〈①事物の疎外〉〈②労働の自己疎外〉〈③類の疎外〉は〈④人間からの人間の疎外〉においてはじめて、対象的、現実的に実現される。実践的な現実的世界では、自己疎外はただほかの人間たちに対する実践的な現実的関係を通じてのみ現れることができる。人間の疎外、一般に人間が自分自身に対してもつ一切の関係は、人間がほかの人間に対してもつ関係においてはじめて対象的、現実的に実現され、表現される。

（ｖ）〈Ⓒ社会的交通の疎外〉

《類生活》とは《自然》が人間にとって人間との紐帯となるような活動と享受のことである。《自然》がどのようにして人間にとって人間との紐帯となるかについて、『草稿』では具体的に記述されていないが、同じ頃書かれたいわゆる「ミル評注」にはこの点を補完する記述がみられる。

欠乏もまた人間にとって最大の富であるほかの人間を欲求として感じさせる受動的な紐帯である。この欲求は、例えば社会的な諸器官、すなわち他人と直接に共同してなされる活動において、ほかの人間の感覚や精神も私自身がわがものとする獲得となっている、というかたちで充たされる。すなわちここでは「生産そのものの内部での人間の活動のおたがいの間での交換」[21]が行われている。

生産そのものの内部での人間の活動のおたがいの間での交換も、人間の生産物のおたがいの間での交換も、等しく類的活動であり、類的享受である。だから、《自然》を普遍的に対象とする自由な意識的活動としての《類生活》には、本来人間の活動のおたがいの間での交換、人間の生産物のおたがいの間での交換が含まれている。《類生活》の現実の、意識的な真の定在は社会的活動であり、社会的享受である。

生産物は活動の結果であるから、人間の生産物のおたがいの間での交換は人間の活動のおたがいの間での交換の必然的帰結であり、逆に活動の交換は生産物の交換において対象的、現実的に実現される。そして生産物とは、自然生産物であれ、労働生産物であれ、また生産手段であれ、生活手段であれ、結局のところ《自然》の断片なのだから、〈類生活の疎外〉の止揚という前提のもとでの生産物の交換において、《自然》は人間にとって人間との紐帯として現れる。

人間の《類的生活》のカリカチュアである近代ブルジョア社会では、その《自然》が、また人間的活動が疎外され、個人生活の手段となるというかたちで、〈④人間からの人間の疎外〉が現れている。したがって、〈④人間からの人間の疎外〉は《類生活》の第三の契機、活動の交換に即して、〈Ⓒ社会的交通の疎外〉として規定し直すことができる。

（六）〈③類の疎外〉の第二の規定＝〈共同的存在の疎外〉

《類生活》の規定、すなわち普遍的に自然を対象とする自由で意識的な生命活動にもう一つの規定＝活動の交換が捕捉されることによって、類＝人間的本質にも、第二の規定＝「共同的な存在」がつけ加えられる。

人間は真に共同的な存在（Gemeinwesen）である、というのが人間の本質なのだから、人間はその本質を発揮することによって人間的な共同体（Gemeinwesen）を、すなわち個々人に対立する抽象的、普遍的な力になることの決してない、むしろそれ自身が個々人すべての本質であり、彼ら自身の活動、彼ら自身の生活、彼ら自身の享受、彼ら自身の富であるような社会的組織（gesellschaftiches wesen）を創造し、生みだす。

〈③類の疎外〉は、類＝人間の本質のもう一つの規定＝共同的存在に即して、〈共同的存在の疎外〉として規定し直すことができる。

以上《疎外された労働》の叙述を概観してきたが、それを可能にしているのは、実際には、普遍的に自然を対象とする人間的生命活動としての《類生活》についての規定である。この規定がフォイエルバッハ的な《人間―自然》概念のもとにおけるヘーゲル哲学の継承によって成立していることについてはことわるまでもないであろう。《疎外された労働》の叙述は私有財産の歴史的な批判＝解明でもなく、また経済学的な批判＝解明でもなく、哲学的な解明である。近代ブルジョア社会の出現という事態を自己了解するにあたって、イギリスの経済的革命やフランスの政治的革命のみならず、ドイツの理論的革命をも視野に入れていた、というよりは、そこから出発してきたマルクスにとっては、ドイツ観念論哲学の伝統を継承するこの私有財産の哲学的把握こそがその面目を示すものである。

《疎外された労働》の分析は二つの課題の解決に役立つ。第一に、現存する社会主義や共産主義に対する評価、それらが近代ブルジョア社会に対してもっている意味を明らかにすることである。例えば、《疎外された労働》の分析を前提とすれば、「プルードンの主張するような給料の平等でさえも、自分の労働にたいする今日の労働者の関係を、労働にたいするすべての人間の関係へと転化するだけのことであり、その場合、社会は抽象的な資本家として把握されている」ことなどが明らかとなる。

この課題はまた「疎外された労働の結果として明らかになったような私有財産の一般的本質を、真に人間的なそして社会的な財産にたいするそれの関係のなかで規定すること」を要求する。この問題に対する解答は第三草稿〔二〕「私有財産と共産主義」において叙述が試みられている。

第二に「どのようにして人間は自分の労働を外化し、疎外するようになるのか」「どのようにしてこの疎外は、人間的発展の本質のうちに基礎づけられるのか」という歴史的な関心に答えることである。これは私有財産の起源を問うことになるであろう。

「私たちはすでに、私有財産の起源にかんする問題を、人類の発展行程にたいする外化された労働の関係という問題におきかえることによって、この課題を解決するために多くのものを獲得してきた。なぜかといえば、私有財産について語る場合、人間の外部にある事物を問題にしなければならぬと、一般に信じられているからである。だが労働について語る場合、ひとは直接に人間そのものを問題としなければならない。この新しい問題提起は、すでにその解決を含んでいる」（一〇五頁）。

しかし、《疎外された労働》の分析は「この課題を解決するために多くのものを獲得」しうる「新しい問題提起」であって、解答そのものは『草稿』では与えられていない。

第三節　マルクスにおける「自然と社会のユートピア」

一、私有財産と共産主義

《疎外された労働》の分析の直接の成果は、それによってフランスの社会主義や共産主義は近代ブルジョア社会にとってどのような意味をもつのか、という問いに対する解答が得られたことである。『草稿』中の第三草稿〔二〕「私有財産と共産主義」によって、この解答がどのように記述されているのか概観する。[22]

マルクスは三つの共産主義を区別している。

（一）粗野な共産主義

私有財産の最初の積極的止揚である粗野な共産主義は、積極的な共同的存在として自分を定立しようとする私有財産の下劣さが現れる一つの現象形態であるにすぎない。この共産主義は私有財産をただその客体的側面においてだけ捉えるので、《疎外された労働》は万人の上に拡大され、平均化される。私有財産を客体的側面において廃棄することは、確かに国民経済上の直接的な現実を廃棄することにはなるとしても、《疎外された労働》を止揚することにはならない。

この共産主義は私有財産として万人に占有されえないあらゆるものを否定しようとする。この共産主義にとっては肉体的な直接的な占有が生活や生存の唯一の目的とみなされる。労働者の仕事は止揚されないで万人の上に拡大される。私有財産の関係は物的世界に対する共同体の関係としてそのまま残っている。だから共同体はただ労働の共同体であるにすぎず、また共同体的資本、すなわち普遍的な資本家としての共同体が支払う給料の平等であるにすぎない。労働は各人がそのなかに置かれている定めとして、資本は共同体の公認された普遍性および力としてある。それは私有財産に対して普遍的な私有財産を対置しようとするものであり、私有財産の普遍化と完成であるにすぎない（一二七～一三〇頁）。

(二)　まだ政治的な性質をもっている共産主義

まだ政治的な性質をもっているか、あるいは国家の止揚をともなうが、まだ相変わらず私有財産すなわち人間の疎外に影響されている共産主義。この共産主義は私有財産の概念をとらえてはいるが、しかしまだその本質をとらえてはいない。それはまだ私有財産の積極的本質をとらえていないし、同様に欲求の人間的性質をほとんど理解していないので、やはりまだ私有財産にとらわれており感染されている（一三〇頁）。

（一）や（二）の共産主義は、人間的な解放と回復との、次の歴史的発展にとって必然的な現実的契機であり、もっとも近い将来の必然的形態であるが、人間的発展の到達目標ではない（一四八頁）。

（三）人間の自己疎外の積極的止揚としての共産主義

これらに対してマルクスが対置しようとするのは、私有財産をその本質である「人間の自己疎外」においてとらえ、その止揚を目指すような共産主義である。「人間による人間のための人間的本質の現実的な獲得としての共産主義」とも、「社会主義としての社会主義」とも呼ばれる。「粗野な共産主義」に対する性格付けと批判が、私有財産をその本質としての《疎外された労働》において把握することによって可能であったのに対して、この共産主義の提起は、その基底における自然を対象とする人間の生命活動＝《類生活》の考察によって支えられている。だから《疎外された労働》の第三規定に先立って考察された《類生活》についての記述と、この共産主義についての記述とは密接に対応する。

この共産主義は完成した自然主義として＝人間主義であり、完成した人間主義として＝自然主義である。それは人間と自然との間の、また人間と人間との間の抗争の真実の解決であり、現実的存在と本質との、対象化と自己確認との、自由と必然との、個と類との間の争いの真の解決である。それは歴史の謎が解かれたものであり、自分をこの解決として自覚している（一三一頁）。

マルクスによれば「歴史の謎が解かれたもの」としての共産主義社会とは「人間が人間にとって自然の現存として、また自然が人間にとって人間の現存として」現れるような社会、いわば《疎外》という罪によって引き裂かれた人間と自然との和解、ルソーの言葉を借りるならば、社会状態と自然状態が一致した状態のことである。すでにその国籍を「人間的発展の到達目標としての共産主義社会」にもつ社会主義的・共産主義的人間は、終末の時の新しい神の民であり、達成された歴史の目標であるキリスト者と同じように、共産主義社会の「準備の歴史」として過去を振り返る。「歴史の全運動は、共産主義を現実に生み出す行為であるとともに、共産主義の思考する意識にとっては、共産主義の生成を概念的に把握し意識する運動でもある」（一三一頁）。「社会主義的人間にとって、いわゆる世界史の全体は、人間的労働による人間の産出、人間のための自然の生成以外のなにものでもない」（一四七頁）。《自然》は人間の歴史においで、人間の現実的な自然として生成するが、それはまた、人間への自然の生成として《自然史》の現実的な一部分である（一四三頁）。このようなマルクスの《自然》概念は、人間の歴史を媒介として対自的となる絶対精神というヘーゲルの概念にきわめて近い。〈唯物論的有神論〉とでも形容することができよう。

二、マルクスの《社会》概念

〈①事物の疎外〉は究極のところ〈ⓐ自然の疎外〉を意味し、〈②労働の自己疎外〉は究極のところ自由な意識的活動としての〈ⓑ人間的生命活動の疎外〉を意味している。だから〈①事物の疎外〉〈②労働の自己疎外〉は《類生活》＝普遍的に《自然》を対象とし、それによって生活することを内容とする自由な意識的活動の疎外として統一的に把握される。したがって、「人間による人間のための人間的本質の現実的な獲得としての共産主義」においては〈③類の疎外〉が克服されていなければならない。

〈①事物の疎外〉〈②労働の自己疎外〉〈③類の疎外〉は、第四規定〈④人間からの人間の疎外〉の根拠であるが、逆にこれによってはじめて対象的、現実的に実現される。国民経済上の現実においては、そこにおいて《疎外された労働》が実現される「人間からの人間の疎外」の展開される場は市民社会である。そこでは各個人は諸々の欲求の一全体であり、彼らが相互に手段となるかぎりでだけ、他人は各個人のために現存するし、また各個人は他人のために現存する。粗野な共産主義において《疎外された労働》が実現される場としての《社会》は「抽象的な資本家」、すなわち「労働の共同体」、「普遍的な資本家として の共同体」である。それに対して〈③類の疎外〉を克服する共産主義において《類生活》の実現される場、そのようなものとしての人間の相互関係、それがマルクスの構想する《社会》である。

《社会》の規定にあたって必要な問いは、「積極的に止揚された私有財産という前提のもとで、どのようにして人間が人間を、自己自身と他の人間とを生産するか、また人間の個性の直接的な実証である対象が、どのようにして同時に他の人間すなわち他人の現存にたいする彼自身の現存であり、そして彼にたいする他人の現存であるか、ということである」（一三三頁）。

〈類生活の疎外〉とは《類生活》が個人生活の手段となっている、ということであり、「抽象のなかにある個人生活」とは「それらを人間的活動のそのほかの領域からひきはなして、最後の唯一の究極目的にしてしまうような抽象」のもとでの食うこと、飲むこと等々であった。

〈類生活の疎外〉が止揚されたものとしての社会的活動や社会的享受、社会的生命の発現と確認においては、《自然》が人間的、社会的な対象として生成するが、逆に《自然》の人間的本質は社会的人間にとってはじめて現存する。なぜなら、ここにはじめて《自然》は人間にとって人間との紐帯として、ほかの人間に対する彼の現存として、また彼に対するほかの人間の現存として、同様に人間的現実の生活基盤として現存するからである。それゆえ、《社会》は人間と《自然》との完成された本質統一であり、《自然》の真の復活であり、人間の貫徹された自然主義であり、また《自然》の貫徹された人間主義である（一三三頁）。

マルクスのこのような《社会》概念が、アルフレート・シュミットが「自然と社会のユートピア」と名付けた共産主義社会の構想の根拠となっていることについては、ここで改めて述べるまでもないであろう。また、それがソヴィエト・マルクス主義の《社会》概念とまったく異なることについては後述する。

第二章　マルクス労働論における《永遠的自然条件》

本稿は一九七三年の秋に書いたものであり、私にとっては半ば「史料」の仲間入りをしている。まるで熱に浮かされたかの如く（実際に熱があったのだが）一気に書き上げた。しかし、当時の私には、自分で書いたものであるにもかかわらず、この文章の意味がよくわからなかった。そのため七年間引き出しにしまったままだった。その間、私は本稿のもつ意味を少しずつ解きほぐしていった。本書第一篇と第二篇に収録した歴史主義に関する一連の論稿はその過程と結果を示している。そのようないきさつからすれば、本稿は歴史主義に関する私の論稿の前提として存在していたのだということができる。

本稿の執筆は、いわゆる「史的唯物論」を根本から検討しなおす意図に出発している。日本の歴史学会にも大きな影響を与えたソヴィエト『経済学教科書』には、第一章「経済学の対象」の最初の節「財貨の生産は社会生活の基礎である」、および第二章「資本主義以前の生産様式」の最初の節「人間社会の発生。原始共同体制度の生産力」のいずれにも、労働論の記述を見出すことができる。このことだけをとってみても、労働論が「史的唯物論」にとって論理的な端初をなすことがわかる。そしてまたそれはマルクスとエンゲルスの思想の核心に迫りうるテーマであり、したがって彼らの思想と「史的唯物論」との距離を測定しうるテーマでもあると思われた。本稿が「史的唯物論」の根本的な再検討にあたって、労働論をテーマとして選んだのはそのような理由にもとづく。

第一節　生命活動と労働

マルクスは『資本論』第一部第五章第一節「労働過程」のなかで、労働の基本的な規定について次のように記している。

「労働はまず第一に、人間と自然とのあいだの一過程である。すなわち、人間がその自然との物質代謝を彼自身の行為によって媒介し、規制し、調整する過程である。人間は、自然素材そのものに対して、一つの自然力として相対する。彼は、自然素材を、彼自身の生活のために使用しうる形態において獲得するために、彼の身体のもっている自然力、すなわち腕や脚、頭や手を動かす。この運動により、彼の外にある自然に働きかけ、これを変化させるとともに、同時に彼は彼自身の自然を変化させる。彼は、彼自身の自然のうちに眠っている潜在能力を発現させ、その諸力の活動を、彼自身の統御に服させる」（以下引用は『資本論』[23]による。これをAとする）。

しかしこれは労働としての労働の規定ではなく、動物にも妥当する生命活動としての労働の規定にすぎない。それは身体組織のうちに脳髄・神経・筋肉・感覚器管を兼ねそなえた動物であればすべてが行っていることである。だから続けて次のように言われねばならない。

「ここでは、労働の最初の動物的に本能的な諸形態は問題としない。われわれは、労働がもっぱら人間にのみ属する場合の形態における労働を想定する」。

私たちはマルクスが人間に固有な労働を生命活動一般との同一性において区別していることに注目する。では「労働の最初の動物的に本能的な諸形態」と「人間にのみ属する場合の形態における労働」とはどのように区別されるのか。

「蜘蛛は織匠のそれに似た作業をなし、蜜蜂はその蠟房の構造によって、多くの人間の建築師を顔色なからしめる。しかし、最悪の建築師でも、もとより最良の蜜蜂にまさるわけは、建築師が蜜房を蠟で築く前に、すでに頭のなかにそれを築いているということである。労働過程の終わりには、その初めにすでに労働者の表象としてあり、したがってすでに観念的には存在していた結果が、出てくるのである」（以上、A一〇頁）。

人間的な生命活動としての労働に固有な規定は、それが「自然的なものの形態変化のみを引起こすのではない。彼は自然的なもののうちに、同時に、彼の目的を実現する」点にある。もちろん、目的はただ頭のなかに存在する表象としては観念的なものだが、「彼が知っており、法則として彼の行動の仕方を規定し、彼がその意志を従属させねばならない目的」としては自然必然的なものでもある。

私たちは生命活動一般から区別される労働の、あるいはマルクスの言葉を借りれば「労働の最初の動物的に本能的な諸形態」から区別される「人間にのみ属する場合の形態における労働」の基本的な規定を、その目的意識的な構造において理解することができる。この点をより明確にするために、マルクス自身が動物と人間の区別について論じている『経済学哲学草稿』に遡って理解を深めることにしたい（以下の引用は、『経済学哲学草稿』[24]〈以下、『草稿』と略〉による。これをBとする。ただしLebenは「生命」に、Wesen

は「存在」に訳語を統一した。引用は必ずしも出典に忠実なものではない)。

動物も生産を営むが、その生産とは直接的に消費であって、それが生産するのはもっぱら自分自身のみである。草食動物であれ、肉食動物であれ、動物は欲望の対象を自分の外部にもっている。動物は欲望の対象において自己の生命をもっている。だからこそ、あれこれの自然物の生産＝消費による欲望の充足は、再び新しい欲望を惹起するのであって、この反復によって動物は自己の生命を再生産する。動物の欲望は飢餓によるのではない。もしそうだとすれば、河川を遡上するサケを捕える動物たちのように、いかに食物が豊富だからといって、それを食いちらかして濫費するようなことは起こらないであろう。むしろ動物は自己の生命を欲望対象においてもっているからこそ、常にこの対象に向かわざるを得ないのであり、その意味で本来的に「飢えている」のである。

たしかに動物においても、結果において再生産される自己の生命が出発点において欲望されていたのであり、生産＝消費される特殊な自然物は欲望充足の手段なのだから、その生命活動は合目的的な構造をもっているようにみえる。しかし人間が彼の生命活動そのものを、彼の意欲および意識の対象とするのに対して、つまり意識的な生命活動をもっているのに対して、動物はそれの生命活動と直接的に一体をなしている。それはその生命活動と区別されない。それはそのまま生命活動である。

動物の場合でも、その生命活動の所産は単に個体としての自己の生命ではない。それが生産するものは、直接に自分のために、もしくは自分の子どもに必要なものであって、だから動物が欲望の対象においてもっているのは種の生命である。生命活動の様式のうちには一つの種の全性格が、その類的性格が潜んでいる。動物の類的性格はさしあたり雌雄の間で、あるいは親子の間で、すなわち生殖と教育において現れるだけであり、その家族生活も一時的なものにすぎないが、高等な種になればなるほど、個体の生命の再生産は種としての生命の再生産によって媒介される。逆にそのことが高等であるか否かの判別基準になるのであって、食物連鎖の頂点に立つ肉食獣よりもサルの方が高等だとされるのは、サルがその生命の再生産を類的に、すなわち群聚《ぐんしゅう》として、個体の身体組織とは区別された群聚としての身体組織をもって行うからである。それに応じて、欲望が対象において認める種の生命は群聚全体の共有する表象となる。

にもかかわらず、動物はその種の体制＝身体組識の制限から脱することはできない。鳥は飛ぶために学習を必要とし、親鳥は自分の生命活動において自分の子どもに必要なものをも供給しなければならず、子鳥はその生命活動において彼自身の自然のうちに眠っている潜在能力を発現させ、その諸力の活動を彼自身の統御に服させること、すなわち飛ぶことを学習しなければならない。そのかぎりで鳥は類的な生活、家族生活を営むのだが、それは鳥自身の身体組織のうちに本能として与えられていたものの実現にすぎない。さらに、人間が訓練すれば、サルは野生のサルには想像もできないほど高度な潜在能力を発揮する。しかし、その能力は個体としてのサルの身体組織のうちに保存されるだけであり、ただちにサルの種の全性格を変化させることにはならない。だから動物は自分が所属する種の基準にならってしかものを形作ることができない。

動物が目指すのは普遍的生命としての類ではなく、特殊な類としての種の生命にすぎない。動物は欲望の対象において種の生命をもつが、対象自身はまた独自に自律的な原理をもって生命を再生産している。植物は動物の欲望とはかかわりなく、太陽と水と土によって生育し、肉食動物の餌食となる小動物もまた自分の生命活動を営んでおり、攻撃に対しては身を守る。普遍的生命としての類は、こうした食物連鎖や生殖・個体の死を通して、生態系として運動しているのだが、種の生命をのみ目指す動物にとっては、それは「よそよそしい全能かつ不可侵な力」にすぎない。

動物が人間となるために必要なのは、この類の過程を意識することである。人間は自分の生命活動そのものを自分の意欲と意識の対象たらしめる。このことによってはじめて彼は《類的存在》となる。人間が欲望の対象とするのは、もはや種の生命ではなく、もろもろの種の生命の全体として、それらを成立せしめている普遍的生命＝類である。人間自身も一つの特殊な種には違いないが、特殊な種において可能的に類となったのであり、類を自己の本質としたのである。それが人間という種の「固有の生命」である。だから人間はもろもろの種の基準にならって生産するすべをこころえており、あらゆる点で対象に内属する基準を対象にあてることができる。人間は普遍的生命としての類を再生産することによって種の生命を再生産する。人間に「固有な本質」とは《類》であり、そのような「固有の生命」を対象とする。

さらに人間は《類》そのものを成立せしめている根拠としての自然の全体を欲望の対象とすることができる。自然は《類的存在》としての人間にとってのみ固有の対象となる。人間は普遍的に生産を営む。人間の普遍性は、実践的には自然の全体を自分の非有機的な身体にするという、ほかならぬこの普遍性において現象しているのであって、人間は自然の全体を再生産する。それが可能なのは人間が《類的存在》だからであり、それは「意識的な存在」であることと同じである。

私たちは『草稿』においても、生命活動一般が労働に転化するのは意識によることを見てきた。それによって動物の自体的に合目的的な活動は目的意識的な労働に転化する。しかしこのように生命活動の労働への転化を意識に求める考えに対しては、すぐさま「観念論的だ」という非難が加えられそうな気がする。

そしておそらくは、反論として次の文章が対置されるであろう。「人々は動物から人間を意識・宗教そのほかお望みのもので区別することができる。人間自身は、かれらが生活手段を生産しはじめるや否や、すなわちかれらの身体的組織によって義務づけられている処置を講じはじめるやいなや、みずからを動物から区別しはじめる」（『ドイツ・イデオロギー』[25]より引用。これをCとする）。

確かに「人間は対象的世界を改作することによってはじめて現実に、類的存在としての自分を確証する」のだから、意識は労働においてはじめて現実的であり、意識をもつ動物は労働によって現実的に人間となる、ということができるであろう。しかしその労働が「身体的組織によって義務づけられている処置」とされるだけでは、動物の生命活動と区別されるところはない。そのような労働によって人間は「みずからを動物から区別しはじめる」ことはできない。むしろ問題は人間に固有な「身体的組織」とはなにか、ということであろう。「サルの人間化成に当たっての労働の役割」を強調してみても、では生命活動一般はいかにして労働になるのか、という問題には答えたことにならない。また生命活動の労働への転化を意識によって理解する『草稿』のマルクスに「観念論的残滓」を認めるとすれば、蜜蜂と建築師の違いを、表象として観念的に存在する目的によって説明する『資本論』のマルクスをも「観念論者」だとしなければならないであろう。

生命活動一般と労働との区別を明瞭にしないのはエンゲルスの特徴であって、次にこの点を検討してみることにしよう。素材は『ドイツ・イデオロギー』のうちエンゲルスの執筆によるとされている部分、および『自然の弁証法』のうち「サル〔猿〕の人間化成に当たっての労働の役割」と題された部分である。

勿論ここで問題なのはエンゲルスの考えが誤っているとか、不充分であるとか、指摘することにあるのではない。私たちの課題はエンゲルスの叙述を論理的に再構成することによって学び直すことであり、あるいはそれによってマルクスの労働論においてなお不明瞭な点を補うことができるかもしれないと思う（とくにことわらないかぎり、以下の引用はCによる。また『自然の弁証法』[26]からの引用をDとする）。

第二節　意識と言語

まずエンゲルスの労働（これを彼は「第一の歴史的行為」と呼んでいるが）についての規定を『ドイツ・イデオロギー』によって要約しておこう。

①人間は歴史をつくり得るためには生きてゆくことができなければならぬ。生きるのに必要なのは、なによりもまず食うことと飲むこと、住むこと、着ること、そのほかなおいくつかのことである。したがって第一の歴史的行為は、これらの欲望をみたすための手段の産出、すなわち物質的生活そのものの生産である。

②第二の点は、満足された最初の欲望そのもの、満足させる行動、および満足のためのすでに手に入れた道具が、あたらしい欲望へみちびくということであり、そしてあたらしい欲望のこの産出こそ、第一の歴史的行為である。

③第三の関係は、自分自身の生活を日々新たにつくる人間が、ほかの人間をつくりはじめること、すなわち繁殖しはじめることであり、夫と妻との、親と子との関係、すなわち家族である。この家族はは

じめは唯一の社会的関係である。

④生活の生産は労働における自己の生活の生産も、生殖における他人の生活の生産も、そのますぐに二重の関係として、一方では自然的な、他方では社会的な関係として現れる。ここに社会的というのは、いくたりかの個人の協働という意味である。

⑤すでに根源的な歴史的諸関係の四つの契機、四つの面を考察した今はじめて、私たちは人間が意識をももっていることを見出す。

①から④までは、傍線部分（引用者による）を省き、「生活」（Leben）を「生命」と置き換えるならば、私たちが『草稿』にもとづいて生命活動一般の規定としたものと一致する。動物といえども、あれこれの自然物をではなく、生きることそのものを欲するのだから、取得された自然物は欲望をみたすための手段としての意味をもち（①）、また欲望の充足は新しい欲望へみちびく（②）。そしてまた動物においても再生産されるのは、単に個体の生命ではなく種の生命なのだから、当然繁殖するし、鳥類や哺乳類であれば雌雄・親子の関係＝家族を形成する。だが動物においては家族がほとんど「唯一の社会的関係」である（③）。動物は生殖や教育において個体のうちに種を現象させるのだが、その発展した形態においてはサルのように群聚を形成する。そこでは複数の個体の「協働」が萌芽的に見出される（④）。

このようにエンゲルスにおいて「第一の歴史的行為」といわれているものは、マルクスのいう「労働の最初の動物的に本能的な諸形態」に照応する。確かに労働は生命活動と別個なものではなく、生命活動の新しい次元なのだから、生命活動を歴史の根源的な第一の行為とすることも可能にはちがいない。マルクスも『資本論』の「労働過程」の節を生命活動としての労働の規定から始めたのであった。しかし人間や歴史を対象とする以上、私たちには「人間にのみ属する場合の形態における労働」が問題である。したがって「第一の歴史的行為」は、動物にも妥当する生命活動一般と修正されなければならない。

私たちは、マルクスが生命活動一般と労働との区別の根拠として求めた意識を、エンゲルスにおいては最後（⑤）に見出す。エンゲルスによる意識の規定は興味深いものであって、その検討によって、マルクスにおいてはただ指摘されているだけであった意識について、より具体的な規定を与えることができる。

人間は意識をもっているが、それは「『純粋な』意識としてではない。『精神』は物質に『つかれて』いるという呪いをもともとおわされており、このばあいに物質は運動する空気層、すなわち音響の、つまり言語の形であらわれる。言語は実践的な意識、ほかの人間にとっても存在し、したがって私自身にとってもはじめて存在する現実的な意識である」。

『草稿』のマルクスにも次のような記述が見られる。「思惟活動そのものの舞台、思想生活の表明の舞台たる言語すらが感性的自然である」。また『ドイツ・イデオロギー』中マルクス執筆部分とされている「聖マクス」にも、「思想の直接的な現実は言語である」という記述を見出すことができる。

私たちはエンゲルスの指摘によって、意識を言語として規定しようと思うのだが、『ドイツ・イデオロギー』の先の部分には次のようなマルクスの傍注が付されている。

①人間が歴史をもつのは彼らの生活（生命）を再生産せねばならないから、しかも特定の仕方でせねばならないからである。

②このことは彼らの身体的組織によって与えられねばならない。彼らの意識と同じように。

①はエンゲルスが生命活動一般の規定をもって「第一の歴史的行為」としていることに対するマルクス

の批判であり、人間が歴史をもつのは生命活動の「特定の仕方」によらねばならないことが対置されている。『草稿』のマルクスは、生命活動一般から区別される労働の規定を意識に求めたのであったが、それはただ指摘されていただけであった。②では生命活動の「特定の仕方」である労働が、したがってまた意識が「身体的組織」によって説明されねばならないとされている。これは『草稿』における労働の規定としての意識が、単に指摘されているだけであって、解明されていなかったのに対して、その規定を一歩押し進めようとする意欲を示すものといえよう。すなわち生命活動一般は意識によって労働に転化するという命題は、では動物の身体性たる本能はいかにして人間の身体性たる意識に転化するのか、という疑問を呼び起こすのであり、このことが解明されないかぎり意識の規定はあいまいなものでしかない。

望月清司氏もこの傍注のうちにマルクスの「批判的口吻」を読みとっている。ただし氏が傍注の②について次のようにいうのは間違っている。

「意識や言語も、ある孤立的に『意識』をいだくにいたった人間が、他の人間との交通（＝交際Verkerl）への渇望にうながされて発生すると考えるべきではない。共同体的諸個人が生活の生産を営むとき、その生産の共同性こそが、言語を創り出すのである[27]」。

マルクスは意識を「身体的組織」によって規定しようと言っているのであって、いきなり「共同体」や「生産の共同性」をもちだしているわけではない。逆にその場合には、「共同体」や「生産の共同性」は言語なしに成立しうるのか、成立しうるとすればそれは何によってなのか、という問題が生じる。卒直にいって、私は氏の見解よりも、言語＝上部構造論を批判したスターリンの次のような見解の方がまだましだと思う。

「言語は上部構造とは根本的にちがっているが、生産用具、たとえば機械とはちがわない。何故なら言語は人間の生産活動と直接にむすびついており、それなくしては、社会的生産の存在そのものも不可能であり、社会は生産をやめ、分解し、社会としては存在しなくなるからである」[28]。

エンゲルスのいうように、「生活の生産はそのままぐに二重の関係として、一方では自然的な、他方では社会的な関係として現れる」のだが、それに応じて言語もまた二重の性格をもつ。スターリンにとって、言語は生産活動と密接に結びついたものだが、同時に「交通用具であるとともに、社会の闘争と発展の用具である」。なぜならば、言語による「思想の交換は、恒常的で切実な必要事」だからなのだという。結局のところ、言語は「交通用具」として、したがって基本的にはその社会的関係において理解されているだけである。それに対して、言語を問題にする場合でも、それを自然的と社会的との二重の関係において論じなければマルクス労働論のスジは通らない、と考えるのが私の立場である。後論においてはとりわけその自然的な関係を、すなわちスターリンのいうように、言語が機械などの生産用具同様、人間と自然との関係の領域においてもつ意義を強調することになるであろう。

私たちは『ドイツ・イデオロギー』におけるエンゲルスの意識についての叙述を、意識を「身体的組織」によって説明しなければならない、というマルクスの指示にもとづいて検討することによって、言語の規定をより明瞭なものにしていこうと思う。ただしその場合『草稿』のマルクスが、「人間は自然の全体を自分の非有機的な身体とする」と言っていたことからも窺われるように、「身体的組織」と言えば、それはただちに個体のそれであると考える必要はない。またここでもエンゲルスは意識を、その動物的形態と人間的形態との区別をあいまいにしたまま論じているので、まずそれを動物の「意識」の規定として理解し、ついでその検討によって、本能がいかにして言語に転化するかを考えることにする。

一、動物的な意識

「自然ははじめ人間にむかって、まったくよそよそしい全能かつ不可侵な力としてあらわれ、人間はそれに対して純粋に動物的に関係し、かれらは禽獣のようにそれに威圧される（自然にたいする人間のかぎられた関係が、かれら相互のかぎられた関係を制約している）」[29]。

動物は自己の生命を欲望の対象とするが、この対象自身はまた自律的な原理によって生命活動を営んでいる。普遍的生命としての《類》は、これら生命活動相互の生態的統一として運動しているのだが、それは動物にとっては「よそよそしい全能かつ不可侵な力」でしかない。自己の生命としての欲望対象と、この対象自身の生命との矛盾は、意識されるのではなく、ただ飢えや死をもたらす。それだけではない。「あらゆる動物の場合に、食物の濫費は高い程度に起こっているのであり、それと共に食物の後継ぎの絶滅が胚芽のうちに起こる」（D）。動物においては自己の種の繁殖自身が疎遠な力なのであって、そのことのうちに《類》の疎遠性が現れている。これが動物の自然に対するかぎられた関係であり、それは彼らの自然に対する関係が本能によって制約されていることを示している。本能とは「動物が世界に対決するための生まれつきの適応機構」[30]であって、個体における種の生命は身体組織によって本能として与えられている。だから動物が対象とするのは、自然の全体ではなく、種の生命としての自然であるにすぎない。

鳥類は家族を形成するが、それは生殖のためであると同時に教育のためでもある。飛ぶことは鳥の本能だが、小鳥はその本能を学習によって獲得しなければならない。この本能は親鳥において現前しており、親鳥は小鳥の発現されるべき潜在能力のうちに種の生命をみている。親鳥において現象しているものとして、小鳥は種を自己の本質とする。しかし種の実現は個体としての小鳥の成長でしかなく、それによって家族は解体してしまう。この教育の過程自体が「生まれてからごくわずかのあいだでもヒトに育てられた子ヒツジは、もはやちゃんと群れについていけず、その母親から拒否されることもある」（F）ように、いわゆる「刷りこみ」の過程として、純粋に本能的なものであり、また多くの動物では生殖はすなわち個体の死であって、生殖や教育において現象した種の生命が個体相互の関係として持続することにはならない。「動物にとっては、他のものへの関係は、関係としては存在しない[31]」。これが個体相互の「かぎられた関係」であって、これもまた本能によって制約されている。

二、群聚意識

「まわりの諸個人と結合すべき必然性の意識、彼がとにかく一つの社会に生活するということについての意識の端初があらわれる。この端初は、この段階の社会生活そのものとおなじように動物的であり、それはたんなる群聚意識である」。

サルの群聚は、生殖や教育だけではなく、食物の取得と、そしてなによりも外敵からの防御をその目的としている。ここでもっとも注目されるのは、その発声のもつ機能であって、「たとえば見張りは、ほかのサルのグループがじぶんたちのなわばりに侵入してくるのをみつけたら、警戒声を発する。するとメスや子たちはうしろへひっこみ、ボスと若いオスザルが進み出て、侵入者にたちむかう」（F）。発声はあたかもほかの個体にとっても存在し、発声した個体にとっても存在する現実的な意識であるかのようであり、また少なくとも、まわりの諸個体と結合すべき必然性の意識、彼がとにかく一つの《社会》に生活するということの意識である。警戒声において、サルはあたかも一つの身体組織の諸部分であるかのように、特定の部署につく。サルの群聚は、発声において獲得された一つの新しい身体組織であって、発声はその感覚器官である。サルの群聚において本能は新しい段階を獲得している。

それだけではない。見張りは雨が降ってきた場合にも警戒声を発し、ほかのサルは木かげに逃げこむが、人間が雨の音を録音しておいて聞かせてやっても全く同じ行動をとる。つまりここでは発声は一つの表象の世界を形成している。この表象の世界は、対象世界が、その意味である種の生命として現象したものであり、群聚はこの世界において自己の本質である種の生命をみている。もちろん、種の生命を表象する能力はサルにのみ属するものではないだろうが、私たちがここで注目しているのは、対象世界が、発声において、その意味である種の生命として現象し、この表象の世界に対して群聚が一つの身体組織のように立ち向かうということである。発声による表象能力は群聚としての身体組織の本能＝身体性となっている。

サルの群聚において、本能は発声による群聚としての表象能力に転化しているのだが、それはまだ言語ではないし、本能が意識的なものになっているのでもない。まずその発声は本来の有節音ではない。しかし言語を有節音という外面的な徴表によってのみ規定しようとするならば、オウムの例をもちだすことによって、たちまち反駁されてしまう。私たちは発声の分節化をその外面的徴表とする言語の発生を、したがってなぜ言語は有節音でなければならないのか、それはどこでサルの発声から内容的に区別されるのかを、マルクスの指示に従って、言語を「現実的生活の表明」として、しかも「身体的組織」から説明してみようと思う。ここではエンゲルスの「サルの人間化成に当たっての労働の役割」を素材とすることにする。[32]

三、言語の発生

私たちは鳥類や霊長類について、個体はすでに《類的性格》をもちはじめていながら、それが《類的存在》たりえないのは、身体組織の制限、すなわち本能によるとしたのだが、そうであるとすれば、人間が《類的存在》となるためには、この制限をどこかで突破しなければならない。それはまず直立歩行であろうし、それによって手が自由となり、それらが「生長の相関の法則の結果によって、私たちがそのつながりを説明しえなくとも、身体の他の部分の形態の諸変化をひき起す」ことになり、かくして「サルの未発達な喉頭は、ゆっくりと、だが確実に、改変形成されてゆき、分節した音節を次々と区切って発音することを口の諸器官が次第次第に覚えた」のであろう。個体としての身体組織に注目すれば、私たちはエンゲルスとともに「ゆっくりと、だが確実に」、また「次第次第に改変形成されてゆく」発展の足どりを見出すことになろう。またエンゲルスとともに「幾十万年という星霜が、樹登りしているサルの群から人間社会が生まれ出るまでに経過したに違いない」という感慨をもつことができよう。「私たちがそのつながりを説明しえなくとも」事情は変わらない。しかし「私たちがそのつながりを説明」しようとすれば、個体としての身体組織の発展過程をその外面性として表示する、一つの新しい身体組織の生成をみなければならない。それはエンゲルスも無視しているわけではない。

「サルのような私たちの祖先たちは、社会的な動物であった」。サルの《社会》は群聚としての新たな身体組織を獲得したのであった。群聚においてサルは「相互に支援し合い、協力しあう機会を増加させ、相互に何事かを語らなければならないところまできた。必要はそれの器官を創り出す」。しかしサルが必要としたのは言語ではなく発声であった。発声によってサルはその必要を満たした。言語を必要とするためには、サルの群聚としての生命活動はもう一歩飛躍しなければならない。

「サルの群は自分の食料圏を、地理的状況や隣接して棲息している獣群の抵抗によってその群に振り当てられている食料圏を、喰いつくしてまわることで満足している。手のとどくかぎりの食料圏がすべて占領されてしまうと、サルの棲息数の増加は起こり得ないこととなる」。この濫費は「彼らを慣れた食物以外の他の食物に適応するように強制し、これに引きかえて一旦固定してしまった種は死に絶えてしまう」。サルの一群がその濫費の舞台である森林の樹上生活を捨てて直立歩行するに至った時、それは直立猿人としてサルからみずからの種を区別しはじめたのであろう。濫費の舞台である森林の樹上生活を捨てるべき動機はすべてのサルが等しくもっていたし、いかに無器用でも、類人猿であれば「真直ぐに立つことができ、かつ両足だけで前進することができる」のだから、どのサルの群が直立猿人になるかは全く偶然であろう。しかしこの新たな種は他の種とは異なる固有の性格をもつことになる。それは「食べられるありとあらゆるものを食することを学び、どこにでも住むということへの絶対権を自分自身の手におさめた」。直立猿人は「自己の種が類である」という判断、あるいは推論を、その生命活動自身の構造に即してもっている。

確かに「個体の本質は種の生命である」という動物の生命活動も判断的な構造をもっているかにみえる。しかし「個体が種である」ことは、判断を待つまでもなく、個体の身体組織によって本能として与えられている。本能の発展した形態においては、それはサルの群聚において、その身体組織と、その器官としての発声をもつことになる。しかしそうであっても「個は種である」という構造には変わりがない。これに対して、「自己の種が類である」という生命活動の構造は、それ自身一つの特殊な種である人間の個体としての身体組織によっては、つまり本能としては与えられない。そもそも人間が食物連鎖の頂点に立ちえたのは、多くの肉食獣のように、牙や爪など個体の身体組織に属する器官によってではなく、サルの群聚としての身体組織とその器官を発展させることによってであることは明らかであろう。直立猿人が「自己の種が類である」という生命活動の構造をもつに至った時、この構造は個体の身体組織においてではなく、群聚としての身体組織において新たな器官を生みだすことによって、定着されねばならなかったはずである。「必要はそれの器官を創り出す」。直立猿人の判断的な構造をもった生命活動の必要としたのが有節音としての言語だったのではないであろうか。生命活動の判断的構造において、発声は「主語＝述語」として分節され、言語に転化したと考えることができよう。

動物の身ぶりや発声にしても身体組織の一つの機能なのだから、それぞれの生命活動の構造を表明しているといえる。オウムの有節音といえども、「こいつは自分のしゃべることを解せずにいるのだ、などと云ってはいけない。こいつの観念圏の達するかぎりでは自分の云うところを解することをも覚え得るのである」。だがオウムの有節音が言語でないのは、そこで分節されるべき内容が人間とは異なるから、つまりその生命活動の構造が人間とは異なるからである。どの類人猿が直立猿人になるかは全く偶然だが、直立猿人はその生命活動の新しい構造を言語において定着することによって、もろもろの偶然のもつ可能性を現実化し、必然性に転化した。

私たちは意識を言語として、さらに言語を有節音という外面性によってではなく、また表象能力としてでもなく、判断として規定することによって、マルクスが単に指摘しているだけであった次の命題を合理的に理解できるのではないかと思う。

人間は「類的存在である。というよりは、かれは意識的な存在にすぎないのだ」。

人間とは「自己の種が類である」ことを確証する運動であり、それが生命活動の新しい次元としての労働である。労働において人間は可能的に類であり、類を自己の本質としている。そして人間が《類的存在》であるからこそ、「自然は類の現象である」という類推が成立し、この類推において全自然を自己の「非有機的身体」とすることができる。

私たちはマルクスの論理をエンゲルスによって肉付けし、エンゲルスの叙述をマルクスによって論理化することによって、生命活動一般から区別される労働の規定が判断としての言語でなければならないことを明らかにしてきた。しかしこうした私たちの考えに対しては、またもやエンゲルスの次のような文章を引き合いに出して批判が行われそうな気がする。

「労働からの、そして労働をもってしての、言語の成立のこの説明が、唯一の正しいものである。労働が真先で、その後から、今度は労働とともに、言語、この二つが最も本質的な衝動力であって、この衝動力のもとに或る種のサルの脳が、ずっと完全なヒトの脳へと段々に移行していったのである」。

エンゲルスは、言語とともに、サルが人間となるに当たっての「本質的な衝動力」の一つである「労働」について、それは「道具の製作をもってはじまる」といっている。生命活動の労働への転化を「道具の製作」をもって説明するエンゲルスの考えは、言語をもってする私たちのそれとはやはり食い違っている。エンゲルスの「サルの人間化成に当たっての労働の役割」に全面的に依拠しているソヴィエト『経済学教科書』は、第二章「資本主義以前の生産様式」の冒頭「人間社会の発生。原始共同体制度の生産力」と題された節で、この問題にふれている。

「人間があらわれたことは、自然の発展における最大の転換の一つであった。この転換がなしとげられたのは、人間の祖先が労働用具をつくり始めたときであった。どんな簡単なものにせよ道具というものをつくることから、はじめて人間は動物と根本的にちがったものとなりはじめる。だがどんな動物も、どんなに幼稚なものにせよ労働用具をつくったことはかつてない」[33]。

しかし「どんな動物も、どんなに幼稚なものにせよ労働用具をつくったことはかつてない」とはいえないであろう。身体の外部にあって直接に食物とならない生命活動の手段を道具と呼ぶことにすれば、蜘蛛の巣も蜜蜂の蠟房も道具であろう。エンゲルスも書いているように「多くのサルは手で樹間に巣をかけ、乃至はチンパンジーの如き、枝の間に風雨をしのぐ屋根を構築する」し、またチンパンジーに至っては「二本の棒をつぎたして、一本だけではとどかぬところにある食物をひきよせることもできる」（F）というような観察事例も報告されている。『経済学教科書』がもう一方で念頭に置いていると思われる『資本論』中の箇所には次のように記されている。

「労働手段の使用と創造とは、萌芽状態においては、すでにある種の動物にも具わっているが、特殊人間的労働過程を特徴づけるものであり、またそれゆえにフランクリンは人間を“a tool making animal”すなわち道具を作る動物と定義しているのである」（A一二一〜三頁）。

労働手段の使用と創造は「すでにある種の動物にも具わっている」のであって、それは特殊人間的労働過程の特徴ではあるが、その根本的特徴、本質的規定ではない。問題はむしろ「労働手段の使用と創造」

ということがなにを意味しているのか、ということであって、そのことの解明を抜きにして、「道具の製作」をもちだしてみてもなにも語ったことにならない。私たちは「道具」の規定をも、言語による生命活動としての労働の規定によって明らかにしうると思うのだが、それはすでに次章のテーマに含まれる事柄である。

第三章 マルクス労働論の復原

人間に固有な労働とは言語において表現される判断的な構造をもった生命活動である。生命活動一般の労働への転化によって、サルが群聚として獲得した新たな身体組織ははじめて社会となる。社会とは人間に固有な身体組織であり、言語はその器官である。言語によって社会の身体性が実現されているのであり、それによって人間は個体としての身体組織によって本能として与えられている制限を突破する。人間に固有な身体組織としての社会のことを、私たちはマルクスの言葉を借りて、社会的生産有機体と呼ぶことができよう。

労働過程の具体的な規定を明らかにする前に、これまで考察したところによって、生命活動一般の規定を整理しておく。

動物は欲望の対象を自分の外部にもっているが、それは本能によって与えられている種の生命であった。動物といえども、その結果において再生産される種の生命は出発点において欲望されているのであり、この欲望の充足のために自己の身体の諸器官、および延長された身体の諸器官（蜘蛛の巣やサルの石や木）を手段として用いる。この延長された身体の諸器官は単に出来合いのものだけではなく、蜘蛛の巣や蜜蜂の蠟房、サルの巣などのように、動物によって製作されるものもある。したがって動物の生命活動は自体的に合目的的であり、その区別される諸契機は、生命活動そのもの、欲望対象、欲望充足のための手段である。

労働とは言語をその固有の器官とする社会的生産有機体の判断的な構造をもった生命活動である。労働過程において区別される諸契機は、生命活動一般においてそうであったように、目的に合致する活動または労働そのもの、その対象、およびその手段である。労働の対象や手段が生命活動一般の対象や手段から区別されるのは、その外面的な特徴によってではなく、人間的生命活動の構造によってでなければならない。私たちは人間に固有な生命活動を言語によって表現されるその判断的な構造にあるとしたのだから、この観点から、あたうかぎり具象的に考察を進めていこう。

第一節　労働対象

サルの群から自己を区別した直立猿人は「自己の種が類である」という判断をもつことになるのだが、まだこの判断は実現されていないないし、それが《類的存在》であることを固有の性格とする種、すなわち人間もまだ生まれていない。直立猿人の判断が最初に表示されているのは「食べられるありとあらゆるものを食する」こと、つまり欲望対象の多様性においてでしかない。その多様な欲望対象には名辞が与えられ、さしあたり音声は名辞として分節されるであろう。「人がそれぞれの生きものにつけた名は、そのまま、それらの名とならねばならなかった」のである。[34] 名辞はそれ自身、主語＝述語としての命名判断であって、多様な欲望対象が名辞によって主語＝述語されるということは、一方では個々の自然物が種としての同一性において表現されることであり、他方では種がほかの種から区別されることである。[35]

命名判断において現象する自然は、さまざまな種の生命と、それらを区別する根拠としての《類的生命》との立体的な構造をもつことになる。しかし人間の《類的本質》は自然をその立体的構造において現象せしめる、いわば奥ゆきのようなものとして現れるだけである。例えば「これはリンゴである」→「リンゴは植物である」→「植物は生物である」というように推論していって、最後に到達する述語が《類》であろう。あらゆる自然物が述語としての《類》において分節され、名辞をもつことができる。むしろあらゆるものの述語として、あらゆるものを分節していく推論の働きが言語における《類》である。こうして直立猿人は「自己の種が類である」という判断を獲得し、それは人間となる。

人間労働の判断的構造はなによりもまず対象的自然の立体的な構造として現れる。立体的とは奥ゆきをもつということであって、それが「個は類である」という推論によって与えられる。それが人間に固有な空間性である。人間は可能的に自然の全体を労働の対象とする。それが本能によって制限された動物の欲望対象の一面性と区別される労働対象の人間的な性格である。人間にとっては全自然が《類的生命》の現象として、可能的に生活手段なのである。

「初めから人間のために生活必要品を、完成生活手段を用意している土地（経済的には水もそれに含まれる）は、人間の手を加えることなくして、人間労働の一般的対象として存在する。これに反して、労働対象が、それ自体すでにいわば過去の労働によって濾過されているならば、われわれはこれを原料という」（A一一一頁）。

　ここでも労働対象のうちに原料が含まれていることが人間労働の特徴を示しているわけではない。例えば紙すきバチ類は巣をつくるために木の繊維をかみくだき、ねりなおしたものを原料とするような例もある。原料の人間労働に固有な性格は、さしあたりはまずその多様性にあり、それは全自然が可能的に生活手段であるという労働対象の性格によって直接に与えられている。原料は「過去の労働によって濾過」されたものとして、直接的に過去を把持し、また実現されるべき可能的生産物として未来を把持している。労働対象のうちに多様な原料が含まれることによって、その立体的な構造において現象する対象的自然の空間性はそれ自身のうちに時間性をもつ。

第二節　労働手段および労働そのもの

「労働手段は、労働者が自己と労働対象とのあいだに置き、この対象にたいする彼の活動の導体として彼に役立つ物または諸物の複合体である」（A一二一頁）。

　労働者の身体と労働対象との中間にあるものが労働手段なのではない。「完成生活手段の獲得、たとえば果実のそれのようなもの」の場合には、「彼自身の肉体諸器官のみが労働手段として役立つ」こともある。またそれがすでに「過去の労働によって濾過されている」、つまり製作されたものであることが人間的な労働手段の特徴なのでもない。「土地は、彼の本源的な生活必要品倉庫であるのと同様に、彼の労働手段の本源的な武器庫でもある。たとえば、土地は、彼が投げ、擦り、圧し、切りなどするに用いる石を供給する」（A一二一頁）。肉体諸器官を用いて果実を取ったり、出来合いの石を用いて行う人間の労働はサルの生命活動と外見上は何ら区別されない。ここでも人間に固有な労働手段の性格は、さしあたり多様性において示されるだけである。その多様性は人間が全自然を労働の対象とするということの帰結である。

個体の肉体諸器官も、その外部にあって「活動の導体として役立つところの物または諸物の複合体」も等しく労働手段とされることは、両者が別ものではないこと、むしろ両者の同一性において人間に固有な身体組織が表示されていると考えることができる。だから労働手段は「彼が自身の肉体諸器官に付加して彼の自然の姿を延長する器官」である。労働手段とは社会的生産有機体の諸器官であり、したがって「遺骨の構造が、死滅した動物種属のからだつきの認識に対してもつのと同じ重要さを、労働手段の遺物は、死滅した経済的社会形式の判定に対してもっている」（A一二頁）。

労働手段の多様性は、一方では人間が全自然を労働の対象としうることの帰結であり、他方では人間が「自然の姿を延長」していることの表現である。しかし両者は同じことを別な側面から語っているにすぎないであろう。人間が全自然をその立体的構造において対象とするからこそ、人間は労働手段を多様化し、自己の「自然の姿を延長する」。すなわち自然の立体的な構造において人間に固有な身体性が表示されている。

労働手段において「労働者は、物の機械的、物理的、化学的諸属性を利用して、それらを彼の目的に応じて、ほかの物におよぼす力手段として作用させる」。労働者の目的意識性は労働手段の属性となっていなければならない。労働手段は労働の生活手段であって、その属性において、労働者の目的意識性を体現していなければならず、そのようなものとして労働手段は直接的に未来を把持している。

また一般的な労働手段というべきものも存在する。「過程が進行するために必要とされる、すべての対象的諸条件がある。それらは直接には過程に入りこまないが、しかしそれらなくしては、過程は全く進行しえないか、または不完全にしか進行しえない。この種の一般的な労働手段は、やはり土地そのものである。なぜかというに、土地は労働者に、その立つ場所を与え、また彼の過程に作業場面を与えるからである」（A一四頁）。

一般的な労働手段が労働によってすでに媒介されたものである場合もある。それらは例えば労働用建物・運河・道路などである。土地は一般的な労働手段としても、また労働手段の本源的な武器庫としても、それ自身労働手段でもあり、したがって直接的に未来を指示しているのであって、労働手段に転化した自然はその空間性において時間性を表現する。

労働手段が労働手段であるのは、それが労働者の目的意識性の表現形態であるかぎりにおいてであった。労働手段の使用と創造が特殊人間的労働過程を特徴づけるものであるのは、それが人間労働の目的意識的な構造を、もっとも顕著に表現しているからである。

「個は類である」という推論において《類》は観念的にのみ存在する表象であり、目的としての未来である。《個》はそのような述語によってその内容が規定されるところの、すなわち述語されるところの主語としての対象である。《類》は主語としての《個》において、対象として現象しているのであるが、労働過程において人間の活動は《である》という繫辞の充実を、すなわち「あらかじめ企図された労働対象の変化を、労働手段によって生ぜしめる」。「合目的的な活動または労働そのもの」は、《個は類である》という推論の繫辞を、労働手段をもって充実し、かくしてそれは労働対象の空間性において現象していた時間性を実現する。

第三節　生産物の世界としての《自然》

「個は類である」という推論の述語＝《類》は、頭のなかにのみ存在する目的＝表象としては観念的なものだが、労働対象において労働手段をもってする労働によって、《である》として繋辞が充実された時、この観念的な目的としての《類》は対象的な形態をうけとり、生産物となる。社会的生産有機体は生産物の消費において自己の本質を《類》として確証する。労働は、労働対象の空間性を時間性として、逆にその時間性を空間性において実現する（以下の引用はAによる）。

「労働過程は生産物となって消失する。その生産物は一つの使用価値であり、形態変化によって、人間の欲望に適合するものとされた自然素材である。労働はその対象と結合した。労働は対象化され、対象は加工される。労働者の側に不安定の形態において現れたもの（＝時間性）が、いまや安定的な性質として、存在の形態（＝空間性）において、生産物の側に現れる。労働者は紡いだのであり、生産物は紡がれた物である」（A一四～五頁）。

使用価値とは「物の有用性」、すなわち「人間の何等かの種類の欲望を充足させる」ような生産物の属性であり、この場合その欲望が「胃腑に発しようと想像に発しようと、ことの本質を少しも変化させない」。生産物のもつ使用価値とは、観念的な表象＝目的としてあった《類》が「対象と結合」したもの、言いかえれば《個》としての対象物の属性に転化したものにほかならない。労働対象とは可能的な生活手段であり、労働手段は「労働の生活手段」なのだから、それらは直接欲望を充足させるものではないが、それ自身有用性をもっている。それらは可能的な使用価値であり、両者を一括して生産手段と呼ぶことができる。

「たとえば、まだ捕えられていない魚を漁業のための生産手段と名づけることは、逆説のように見える」が、「まだ捕えられていない魚」も労働対象として可能的な生活手段であり使用価値なのだから、これを生産手段と規定することができる。しかし実現されない可能性は可能性ではないから、労働対象や労働手段が生産手段であるということは「その結果なる生産物の立場から」のみ言いうることである。「魚のいない水から魚を捕える術は、いままでまだ発明されていない」。

要するに、労働の「全過程を、その結果なる生産物の立場から見れば、労働手段と労働対象との二つは、生産手段として、労働そのものは生産的労働として、現れる」（Ａ一五頁）。

労働過程はまた生産手段の消費過程だということもできる。

「労働は、その素材的要素を、その対象および手段を消費し、それを食いつくす。したがって、それは消費過程である」。「その手段及びその対象が、それ自体すでに生産物であるかぎり、労働は生産物を作り出すために生産物を消耗する。いいかえれば、生産物の生産手段として生産物を消尽する」（Ａ一九頁）。かくして「ある使用価値が生産物として労働過程から出てくると、以前の労働過程の生産物たる他の使用価値は、生産手段としてそれに入りこむ。この労働の生産物なる同じ使用価値が、かの労働の生産手段をなす。ゆえに、生産物は労働過程の結果であるのみでなく、同時にその条件でもある」（Ａ一五頁）ことが明らかになる。

労働過程の条件としての生産物は、必ずしも「以前の労働過程の生産物」であるとはかぎらない。「労労働過程にあっては、はじめは、人間と人間の助力なしに存在する土地とのあいだにのみ行われるように、いまなお労働過程においては、天然に存在して、自然素材と人間労働との何らの結合をも示さないような生産手段も用いられるのである」（A一九頁）。それらはいわば「自然生産物」である。

直接的な生産物や使用価値のみならず、可能的な生産物とか、可能的な使用価値といったものの存在をも含めて考えるならば、対象的自然は生産物と使用価値の立体的構造として現象する。使用価値とは欲望充足の手段であるから、そのことのうちに欲望の人間に固有な性格が表示されている。人間の欲望は、自然の全体を使用価値として消費することによって充足されるのであり、それによって「自己の種が類であり、自然は類の現象である」ことを確証する。

労働過程は生産物を生産手段として生産物を生産する。それは再生産過程である。実際には、生産者と生産物との間には分配が介入し、それが生産物の世界における生産者のわけまえを規定するのであり、そうすることによって生産と消費との間に介入する。分配による生産物の主体への復帰は、その主体のほかの個々人に対する関連に左右される。しかし生産一般、すなわち「われわれがその単純にして抽象的な諸要素において叙述したような労働過程は、使用価値をつくりだすための目的に合致した活動であり、人間の欲望のための自然的なものの取得であり、人間と自然とのあいだの物質代謝の一般的条件であり、人間生活の永久の自然条件であって、したがって、この生活のいかなる形態からも独立したものであり、むしろ、人間の一切の社会形態に等しく共通なものである。それゆえに、われわれは、労働者を他の労働者に対する関係で示す必要はなかった」（A一九〜二〇頁）。

このような観点からする場合、一つの総体をなす生産諸部門のうちで活動しているのは一つの社会的主体である。では社会的生産有機体は労働過程を通してどのような主体として現象してくるであろうか。「労働手段は、労働者が自己と労働対象とのあいだに置くところの物または諸物の複合体」であった。この《労働者の自己》とは何であろうか。それはまず動物の《自己》と同じように欲望であろう。人間的な欲望に固有な性格は、対象的自然の立体的構造において個々の自然物を使用価値として表象するところにあった。《類的存在》たる人間にとっての使用価値の総体という意味で、自然は人間存在の本質＝《類》の現象となる。表象される《類》＝使用価値の総体は、実現されるべき目的としての未来である。人間的な欲望は《類》の意識であり、それは目的意識、時間性の意識である。それは一つの「精神力能」（B）であり、対象的自然において現象する《類》＝使用価値の総体と別ものであるわけではない。《労働者の自己》とは、自己を《類》として意識する自己意識にほかならず、そしてまたそれこそが社会的生産有機体の主体性にほかならないであろう。

第四節　マルクス労働論の有神論的性格

私が「史的唯物論」の根本的な再検討を企てたのは、もちろん「史的唯物論」に納得することができなかったからである。しかしそれに対して本稿が対置したのは、マルクスとエンゲルスの労働論の字義解釈ではなく、むしろその批判的な検討であり、また過剰解釈であった。

端的にいって、過剰とは、マルクスの思想の前提にあり、そして彼がそれと対決したヨーロッパ精神史のぶ厚い層であり、それがマルクス労働論の解釈のうちに露呈したものである、と今は考えている。「ヨーロッパ精神史における歴史思考の歴史」の考察によって、ようやくそれが見えるようになった。

右のことに関連していくつかの問題を提起し、それをもって本稿に対する「自註」とすることにしたい。

（一）まず、本稿では「史的唯物論」の基礎概念たる労働の本質的規定を意識＝言語＝判断に求め、そうすることによってはじめてマルクス労働論のスジが通ると主張している点について。

本文でも述べているように、それに対しては当然、「それは唯物論の観念論化である」というような批判が予想される。しかし私は、そのような批判の背後には意識や言語についての「観念論」的な理解が、そして言語＝上部構造論が、また上部構造と土台の二元論が、さらには観念論と唯物論の二元論があるのではないかと思う。それに対して本稿では、いわば意識＝言語の「唯物論」的な解釈を提示することによって、そのような二元論を克服することが意図されている。第一篇で述べたように、「観念論と唯物論の対立」は、一方では《イデー》が「真実在」から遊離して独立した「観念」となり、他方では「デカルト的な意味での二元論、すなわち主体と客体との、そして主体においては霊と肉との、客体においては本質と仮象との二重性を認めるという思考の枠組み」が成立することによってはじめて成立し、意味をもつようになったのであって、それはたかだか一七世紀このかたのことにすぎない。もとよりそれは、全哲学史を概括しうるような概念ではありえない。

（二）本文でも引用したように、生活の生産は二重の関係として、一方では自然的な、他方では社会的な関係として現れる。この点に関して本稿は二つの問題を提起している。

第一に、自然的と社会的との生産の二つの関係はその二重性を示すものであって、二元性を示すものではない。そのようにいうのは、決して「二元論はよくない」というような似非論理学的なアプリオリズムによってではない。生命活動の労働への転化を可能とするものが言語であり、言語によって、個体の身体組織とは別に社会としての身体組織を獲得するのだとすれば、生産の自然的関係たる労働過程それ自体のなかに、その条件として社会的関係が存在していなければならないからである。

もっともこれまで言語といえば、それを一義的に「コミュニケーションの手段」として理解する見解が優勢であったので、本稿ではその反動として、もっぱら言語の「自然的な関係」、すなわち言語によって可能となる人間と自然との関係の考察に力を入れることになった。言語＝判断によって、一方では対象的自然が立体的構造をもって現れるとともに、他方では人間の生命活動は目的意識的構造を獲得し、自己の肉体諸器官に種々の労働手段を付加して自己の「自然の姿を延長する」のだが、立体的構造をもって現れる自然が、複数の個体にとって共通の表象でありうることとか、同様にその目的意識性も、したがって労働手段も、複数の個体に共通なものであり、労働は論理的には常に協働であることとか、それらを可能にするのがまさしく言語にほかならないこととかは、こと新しく述べるまでもないと考えたのである。

第二に、労働論から直接《歴史》へ「上向」することはできないということである。マルクス自身は次のように言っていた。

「単純にして抽象的な諸要素において叙述したような労働過程は、人間と自然とのあいだの物質代謝の一般的条件であり、人間生活の永久の自然条件であって、したがって、この生活のいかなる形態からも独立したものであり、むしろ、人間の一切の社会形態に等しく共通なものである。それゆえに、われわれは労働者を他の労働者に対する関係において示す必要はなかった」。

これを、労働論は生産の自然的側面を解明するものであるから、そこでは社会的側面は捨象されるのだと考えるのは正しくないであろう。社会的生産有機体の存在は労働の成立する条件なのだから、それ自体人間生活の「いかなる形態からも独立したもの」であり、「人間の一切の社会形態に等しく共通なものである」。すなわちここで区別されているのは、生産の自然的側面と社会的側面ではなく、「人間生活の永久の自然条件」とその歴史的な諸形態である。このような区別のうちに、ルソーが自然状態と社会状態との間に設定したのと同様の二元論的な思考を見出しうること、そしてそれが終末論的な思考と分かちがたく結びついていることについてはすでに述べたので、ここではくりかえさない。

(三)　最後にマルクスの思想とユダヤ＝キリスト教との内面的な結びつきが、ほかならぬ労働論において、きわめて顕著に見出されることについて述べておかねばならない。このようにいうと一部の人々には奇妙に聞こえるかもしれないが、それと同様なことはヨーロッパの近代思想全体についていえることであり、さしあたりそれはマルクスも時代と環境の子であったという平凡な真理を物語っているにすぎない。しかしもちろんここで問題なのはそのような一般論ではない。

私は第一篇の第二章「ユダヤ＝キリスト教における終末論的歴史思考」のなかで次のように書いた。「ユダヤ＝キリスト教の信仰のもとでは、万物は世界の外なる神によって、神の似姿たる人間に奉仕すべく無から創造された被造物とみなされる。そうであってみれば、自然的世界には、固有のロゴスも生命も、ましてや神聖な性格などは存在せず、単に人間の欲望の対象にすぎない、ということになる。ここには、自然は人間のために存在するという人間主義的な、いわば近代的な考え方の萌芽が認められる」。

マルクスにおいても自然は第一義的に人間にとっての欲望の対象として理解されている。キリスト教の正統教義においては、人間の堕罪とともに自然的世界も神からの離反に巻きこまれてしまっているのであって、この世界を愛し肉体の欲望に従うことは神にそむく罪深い行為とみなされていた。しかしキリストがコスモスの救い主でもあり、その出現によってすでに宇宙的な和解が実現されたのだとすれば、自然的世界のうちにも神の恩寵による秩序を見てとることができるはずであって、こうして理神論や、また「人間は認識によって自然を支配し、それを福祉と道徳の向上に寄与せしめうる」とするフランシス・ベーコンやデカルトの思想が成立しうる。こうした思想はキリスト教の正統教義からは異端的なものに見えようとも、「自然は人間の欲望の対象であり、神の似姿たる人間に奉仕すべく無から創造された被造物である」という旧約の教理のうちにその淵源をもっている。

「人間は認識によって自然を支配し、それを福祉と道徳の向上に寄与せしめうる」というテーゼを歴史へ投影し、それを一つの過程とみなすならば、そこに啓蒙主義の進歩史観が登場するが、第一篇で考察したように、それは「地上における人間の支配へ向けての歴史の完成という観念において旧約的」である。また右のテーゼによって、技術的な実践は、倫理的な善を目指す実践と結びつき、実践の概念は次第に後者から前者へと力点を移して理解されるようになり、そこから労働と生産力の概念が展開される。

実際にそれを最初に展開してみせたのはフランスの重農主義者《フィジオクラット》であり、シャトリュはこの概念を進歩史観と結びつけた。またカルヴィニズムは労働を神聖な義務とみなし、その成果のうちに神に選ばれたもののしるしを見た。アダム・スミスはブルジョア社会を「労働社会」として解明してみせた。さらにフランスの革命家たちは「公民社会のもとではすべての個人が労働する者として平等であり、貴族の構成する封建社会は労働の果実を収奪することによって公民社会の上に寄生する瘤のような存在にすぎない」として、フランス革命を労働論によって正当化しようとした。そしてヘーゲルはフランス革命をアダム・スミスによって解釈するとともに、[36]労働の概念を拡張してみせた。労働とは「内面において生き、想像のなかで生きている目的を確定し、それを直観に対して外的に産出する努力である」というように。[37]よく知られているように、マルクスはヘーゲルの提起した問題を受けとめるところから出発したのだが、両者の距たりを規定する歴史的事件がイギリスの産業革命にほかならない。かくして「マルクスによるフランス革命と産業革命の大規模な総合」が登場する。[38]

以上はマルクス労働論の歴史的な前提である。しかしそれはまた次のような論理的前提をもっている。「人間は認識によって自然を支配し、それを福祉と道徳の向上に寄与せしめうる」というデカルトの主張に根拠を与えていたのは「自我と対象の一致」という命題であり、そしてこの命題は神の存在の証明によって基礎付けられるべきものであった。カントやヘーゲルにとっても「自我と対象の一致」の解明こそが真理問題の核心をなしており、それは神の存在の証明の問題と不可分であった。マルクス労働論はまさしくこの哲学的かつ神学的な問題につらなる。そしてその問題は、結局のところ「万物は神の似姿たる人間に奉仕すべく無から創造された被造物である」というあの旧約の命題に遡り、それをめぐって展開しているのだということができる。しかもまたデカルトからカント、ヘーゲルを経てマルクスに至る過程のなかで、神の存在そのものは次第にカッコで括られるようになり、逆に人間は一歩一歩完全性に近付くのだが、この「世俗化の過程」を通して、人間を地上の支配者たらしめようとする旧約の神の約束は近代においてこそ実現され、人間はいわば「創造された神」として、神と等しくなるところまで進んでいく。「起源からすればキリスト教的であるが結果において反キリスト教的である」というのが、ヨーロッパ近代思想の一般的な傾向だが、その結果は反キリスト教的であるとともに親旧約的である。

マルクスの労働論はそれを言語＝判断論として解明することによってはじめてスジが通るとともに、それは「自我と対象の一致」の問題、すなわち真理問題に対するマルクスの解答となりうる。私の理解するところによれば、人間は「自己の種が類である」、「自然は類の現象である」という二つの判断によって生命活動を労働に転化する、というようにマルクスの労働論は組み立てられているのだが、マルクスによって、人間存在の本質であり、また《類的存在》たる人間にとっての使用価値の総体という意味で、自然がその現象であるとされた《類》が、人間と自然の本源としての神的な存在だということはもはや明らかであろう。「自己の種が類である」とは「人間は神の似姿である」という命題の、そして「自然は類の現象である」とは「万物は神の被造物である」という命題の「唯物論」的な翻案にほかならない。

ここまでくれば、マルクスの無神論は有神論的な構造をもっているといっても、単なる逆説にとどまらないことが判明するであろう。もっともこの主張に対しては、それがマルクス労働論の過剰解釈の、とくに過剰な部分に依拠して行われているが故に納得しがたいといわれるかもしれない。しかし私はこの過剰部分がないならば、そもそもマルクスの無神論について語ること自体が無意味だと考える。マルクスの無神論を問題とすることが、マルクスはみずからを無神論者として規定し、また神の存在を始めとするキリスト教の教義や、一般に宗教そのものを否定したというようなことを確認することでもって終わるのだとすれば、それはたわいのない問題にすぎないけれども、その本来の意味はマルクスの思想の神学思想史上の位置を定めるということでなければならないであろう。そのためには過剰解釈が不可避であると今でも思う。

マルクスの無神論はユダヤ＝キリスト教の「世俗化」の過程においてはじめて充分に理解されるものであり、そのような理解が得られるならば、マルクスが「共産制社会の福音を宣べ伝えるキリストのようにではなく、破局に対する備えを警告した古代ユダヤの預言者たちのように語ることを好んだ」ということも単なる比喩とは言い切れなくなるであろう。

第四篇

ソヴィエト・マルクス主義の歴史思考

第一章 マルクスの所有＝共同体論

マルクスが『経済学批判』序言のなかで述べている「経済的社会構成が進歩してゆく段階として、アジア的、古代的、封建的、および近代ブルジョア的生産様式をあげることができる」という文言を、進歩史観的な単線的発展の図式として読み取るべきでないことについてはすでに述べた。ではどのように理解すべきなのか。

マルクスにおいて、アジア的・古代（古代ギリシャ）的・封建（中世）的という区分法が最初に現れるのは「ヘーゲル国法論の批判」[1]であろう。そこでは次のように語られていた。古代ギリシャにおいては「政治的国家は市民たちの生活と意欲との真の唯一の内容」であり、「アジア的専制政治」においては「政治的国家は実質的な国家のように（一個人の私的恣意にゆだねられた）奴隷」であり、そして「中世においては国民生活と国家生活とは同一」である、と。

政治学的な関心からする区分法が、国家から市民社会へ、政治から経済へと関心が移っていくとともに、生産様式の区分法に転用される。ここでは三者のうち、アジア的生産様式（あるいは所有形態・共同体）に注目し、マルクスの著作においてそれがどのように変容していくかをみていく。

第一に、それは次第に地理的範囲を拡大していく。所有＝共同体のアジア的形態にメキシコやペルー、さらにスラヴ人、ルーマニア人、古代ケルト人の共同体も含まれるようになる。さらにまた「アジア的またはインド的所有形態」とは「一定期限での土地の再分配というロシア的風習」のことであり、それは「ヨーロッパのどこでも端緒をなす」、「ドイツではところによって一八世紀まで、また一九世紀までも保存された」と述べている。ロシアの共同体は「きわめて小さな点にいたるまで、原始ゲルマン的共同体と同じだ[2]」とも述べている。アジア的またはインド的所有形態＝ロシアの共同体＝原始ゲルマン的共同体はすべて等式で結ぶことができるのであり、こうなるともはやそれは地理的な概念ではなくなる。

第二に、そのことはこの概念がしだいに抽象化されていったことを示している。それらに共通する性格を取り出して概念化したものが、『経済学批判要綱』のなかの「資本制生産に先行する諸形態」に記述されている本源的所有＝共同体にほかならない。そのことは「経済学批判序説」のなかでも、「(たとえばインド人、スラヴ人、古代ケルト人等々におけるような) 共有が、所有の本源的形態であって、この形態は、共同体所有という姿で、なおながいあいだひとつの重要な役割を演じる」というように明言されている。だから「アジア的またはインド的所有形態がヨーロッパのどこでも端緒をなす」というのは、本源的所有こそが地球上すべての所有形態の端初である、ということを意味している。ここでは彼は本源的所有＝共同体を、その「変形を行うことがもっとも少ない」アジア的形態をもって代表させており、ほかの場合にはロシアの共同体をもって代表させることもあった。

第三に、所有＝共同体の三形態は本源的所有＝共同体論によって再規定される。「資本制生産に先行する諸形態」では次のように記されている。

本源的共同体が変形されて「歴史的に生成した政治的形態」が生まれる。それらはまず「東洋的共同体」と「自由な土地所有者からなる西洋の共同体」に、後者はさらに古典古代的（ギリシャ・ローマ）的形態」と「ゲルマン的形態」に二分される。これら三形態は、さらに変形されて「二次的な形態」に転化し、支配隷属関係が生まれる。

マルクスが『経済学批判』序言の執筆にあたって、本源的共同体の三形態、およびその二次的形態を念頭においていたことは疑いない。のちの「ヴェーラ・ザスーリチあて手紙の草稿」では、東洋の共同体は原古的共同体の「よりいっそう原古的な型」、西洋の共同体は「農村（農耕）共同体」と呼ばれている。

第二章 エンゲルス『家族・私有財産及び国家の起源』の問題

家父長制家族という概念はヨーロッパ人にとってはおなじみのものであった。旧約聖書の創世記において、カルデアのウルからカナンへ向かう時のアブラハムの一行がまさにそのような家族形態をもって登場するからである。彼は三一八人に及ぶ「家の子」あるいは「身内の者」と多数の男女の奴隷と家畜をひきつれていた。マルクスとエンゲルスが『ドイツ・イデオロギー』のなかで、家族の延長としての「家父長的な部族長」に率いられる部族や「家族のうちに潜在する奴隷制」について語り、それらをもって「所有の最初の形態」とみなした時、[3]彼らはただヨーロッパ人の常識に従っただけである。後年、エンゲルスは過去を振り返って次のように言っている。

「〔一九世紀の〕六〇年代初頭まで、家族の歴史などは問題にもなりえない。歴史学は、この領域ではなお完全にモーゼの五書の影響下にあった。どこよりもそこに詳しくえがかれている家父長制的な家族形態が、そのまま最古のものだとみなされていた」[4]。

マルクスとエンゲルスの認識を決定的に変化させたのは、コヴァレフスキーが彼らのためにアメリカからもち帰ったモルガンの著作『古代社会』であった。[5]コヴァレフスキーの著作も彼らに大きな影響を与えた。しかし、両者の間ではその受け止め方に大きな違いがある。コヴァレフスキーが研究したのは、アメリカ、インド、アルジェリア等、いわゆる非ヨーロッパ諸民族の間にみられる村落共同体であって、マルクスはそれに依拠して農耕共同体の概念を構成した。他方、エンゲルスの場合、コヴァレフスキーの研究はゲルマン人の共同体の理解のために援用されているにすぎない。

エンゲルスの著作『家族・私有財産及び国家の起源』（以下、『起源』と略　**表4**）は圧倒的にモルガンの影響下で書かれたものであり、第四版でコヴァレフスキーの理論も取り入れられたが、それは部分的なものにすぎない。『起源』でエンゲルスが試みたのは、ギリシャ、ローマにおける国家形成の起源に氏族制度を見出し、そこでの史料上の空白をイロクォイ族の氏族に関するモルガンの研究をもって埋めることであった。つまりそれはヨーロッパにおける家族・私有財産および国家の起源であって、アジアの歴史は眼中にない。そのことは彼自身、「いまなおさまざまな野蛮および未開の諸民族のあいだに、あるいはより純粋なあるいはより不明瞭な形態で存在している氏族諸制度や、または、アジア文化諸民族の古代史のうちに見られるそれらの痕跡には、紙面のつごうでたちいることはできない」と明言している。したがって、氏族制から奴隷制への推移もギリシャ・ローマ史に即して考えられている。また「死滅しつつあったヨーロッパにドイツ人が新しい生命力を吹き込み、ヨーロッパを救済した」というような文言からすれば、奴隷制から農奴制への推移もヨーロッパ史の観点から、そこでの歴史事実をもとに考えられている。

このことは『反デューリング論』で展開された支配隷属関係成立の「二つの道」論と『起源』との関連からも明らかになる。「二つの道」論とは次のようなものである。

原生的な共同体において、公的職務をテコとして、政治的支配という意味での支配隷属関係が成立する。これが第一の道である。共同体と共同所有が解体し、私有財産と奴隷制が成立した場合には、搾取と収奪の関係としての支配隷属関係が生みだされる。これが第二の道である。共同体と共同所有が解体しない場合には、その上に「東洋的専制政治」が成立する。

第二の道ではヨーロッパの歴史が念頭に置かれている。東洋においては、第一の道が肥大化して専制政治を生みだすが、ヨーロッパにおいては、原生的な共同体の解体を経て、第一の道の上に、第二の道が接木される。『起源』がこの「二つの道」論の延長上に構想されたことは明らかだが、しかし『起源』には「東洋的専制政治」の占めるべき位置がない。ところが、『起源』の最終章「未開と文明」において、全体を総括する段に至るや、彼はあたかも人類史について語るかのような口調をもってする。国家の本質論を展開するにあたって彼は「東洋的専制政治」に言及することが必要だとは思わなかった。ここでは世界史がヨーロッパ史によって代替されている。マルクスのいわゆるアジア的生産様式をエンゲルスの氏族制度によって置き換えるならば、『経済学批判』序言のアジア的・古代的・封建的生産様式を単線的発展の図式として理解する道も開かれる。

表４『家族・私有財産及び国家の起源』の構成

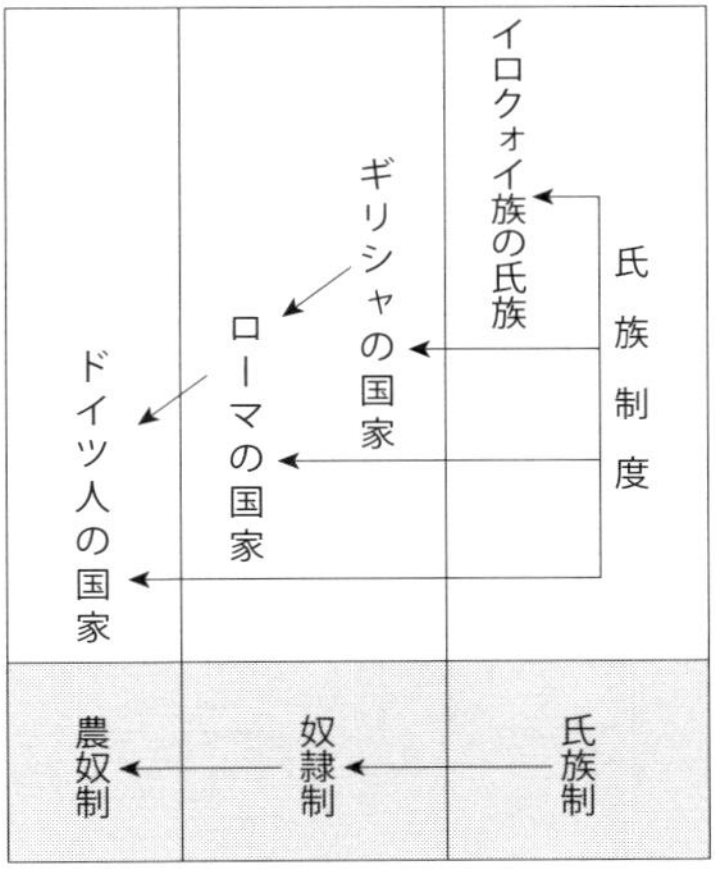

第三章　歴史的必然と歴史的環境

第一節　ロシアの農村共同体に関するマルクスの見解の推移

一、『資本論』ドイツ語第一版

レーニンは匿名の処女論文『「人民の友」とは何か。そして彼らは社会民主主義者といかにして闘うか』のなかで、マルクスの根本思想を「全問題は社会の進化を経済的社会構成体の発展の自然史的過程として観察することにある」と述べている。それは『資本論』ドイツ語第一版（一八六七年）のなかの次の引用Aにもとづいている。

A．私の見地は、経済的社会構成体の発展を自然史的過程と見るという点にある（第一版への序言）。

「経済的社会構成体の発展」に関連して、次のような文言も見出される。

B．農村生産者、農民からの土地収奪は全過程の基礎をなす。この収奪の歴史は、国が異なれば異なる色彩をおび、また順序を異にし歴史的時代を異にする相異なる諸段階を通過する。それはイギリスでのみ古典的形態をとるのであって、だからわれわれはイギリスを例にとるのである（第二六章、本源的蓄積の秘密）。

C．アジア的またはインド的所有形態がヨーロッパのどこでも端緒をなすという僕の主張した見解が、ここでは（マウラーはこの見解をすこしも知らないとはいえ）あらたな証拠を与えられている。だがロシアにとっては、この点でさえも、本源性の要求権の最後の痕跡も消えうせている。彼らに残されているのは、彼らの隣人がずっと前に脱ぎすてた形態に今日なおはまりこんでいるということだ（一八六八年三月一四日付エンゲルスあての手紙）。

D．ロシアの共同体は、全事態がきわめて微細な点に至るまで、原始ゲルマンの共同体とまったく同じなのだ。こんなものはすべて衰滅しつつある（一八六八年一一月七日付エンゲルスあての手紙）[6]。

この段階でのマルクスのロシア社会論は、ロシアの共同体をスラヴ世界に固有なものとみるナロードニキの生みの親、ゲルツェンの見解を誤りとし、それはどこにでもあったが、西欧ではとうに分解したものであって、そんなものが社会主義の基礎になるはずはなく、ロシアも、共同体の衰滅の上に、ドイツ同様イギリスの道を歩むであろう、というようなものであったと想定される。ここからは著しく歴史的必然論に傾いた歴史像構成の論理を引き出すことが可能である。

二、『資本論』ドイツ語第二版およびフランス語版

マルクスのロシア社会論は、早くも一八七〇〜七一年にかけて、ナロードニキの理論的指導者、チェルヌイシェフスキーの論文を読んだことがきっかけとなって変化しはじめる[7]。一八七一年一月七日付エリ

ザヴェータ・ドミートリエヴァ・トマノフスカヤのマルクスあての手紙によれば、この頃彼はロシアの共同体的土地所有の運命、すなわちそれは分解しさるのか、それとも存続し、ロシア社会の再生の出発点となるのか、というナロードニキの問題提起を受けとめ、みずからの問題とするようになった。この変化はさっそく一八七三年の『資本論』ドイツ語第二版のあとがきに「ロシアの偉大な学者で批評家たるN・チェルヌイシェフスキー」という記述を盛り込むことによって反映された。

また、一八七五年のフランス語版ではBが削除された上で、次のように書き改められた。

「資本家的制度の根本には、それゆえ、生産者と生産手段の根底的分離が存在する。この発展全体の基礎をなすのは農耕者の収奪である。これが根底的に遂行されたのはさしあたりイギリスにおいてだけである。しかし西ヨーロッパの他のすべての国々も、これと同一の運動を経過する」。

すでに明らかなように、この修正の眼目はイギリス的な土地収奪を西ヨーロッパに限定する点にある。マルクスはこの頃、「フランス語版に含まれている最も重要な変更は、もちろんまだ出ていない部分のなかに、詳しく言えば、蓄積に関する諸章のなかにあるわけです」と述べている（一八七五年二月一一日付ラヴローフあての手紙）。この修正が「重要な変更」の一部をなすことは疑いない。エンゲルスもこの年、のちに『ロシアの社会状態』として刊行される論文「亡命者文献五」のなかで、共同体を基礎にロシアが飛躍する可能性について書いたが、それはマルクスとの共同の見解であろう。

三、『祖国雑記』編集部あての手紙

『資本論』はダニエリソーンなどの手でロシア語に翻訳され、さまざまな反響を喚び起こした。その一つにミハイロフスキーの「ユ・ジュコフスキー氏によって裁かれたカール・マルクス」なる論文があった。彼はそのなかで『資本論』第一版のうちに「歴史哲学的理論」を臭ぎ出し、そのロシアへの適用可能性の問題を提出した。それを知ったマルクスは釈明の必要を感じた。すでに修正されたみずからの古い見解、あるいはそこから引き出された想定が問題とされていたからである。こうして彼は次のような内容の『祖国雑記』編集部あての手紙（一八七八年）を書いた。

彼はまず、『資本論』中の本源的蓄積に関する章は西ヨーロッパでの資本主義の創生についての歴史的素描にすぎないと言明し、ついでそれは「あらゆる民族が、いかなる歴史的状況のもとにおかれていようとも、不可避的に通らなければならない普遍的発展過程の歴史哲学的理論」ではないことを明言する。そして、それに対置して、みずからの見解を次のように要約している。「著しく類似した出来事でも、異なる歴史的環境のなかで起こるならば、まったく異なる結果を導き出す」と。最後に彼はロシア社会の運命についてのみずからの結論を述べる。

「もしもロシアが一八六一年以来歩んできた道を今後も歩みつづけるならば、ロシアはこれまでに歴史が一国民に提供した最良の機会を失ってしまい、資本主義制度の宿命的な有為転変のすべてにさらされることになるであろう」。

「最良の機会」とは、この場合、ロシアが資本主義を経過せず、農村共同体を基礎に社会主義を建設しうる機会ということであって、その機会の存在を認めることは、とりもなおさず、彼がナロードニキ支持の立場を明確に表明したことを意味する。しかし、彼は結局この手紙を公表しなかった。これが公表されたのは彼の死後の一八八六年、エンゲルスの手によってであった。

四、ヴェーラ・ザスーリチあて手紙の草稿

この頃、ロシアのナロードニキは、国内にとどまってテロリズムを実行しようとする「人民の意志」派と、プレハーノフやヴェーラ・ザスーリチなど亡命者を中心とする「土地総割替」派とに分裂し、後者はナロードニキの理論と行動に対する自信を失い、思想的に動揺していた。マルクスとエンゲルスは一貫して前者を支持したが、皮肉にも後者が接近してくる。

一八八一年二月一六日、ザスーリチはマルクスにあてて手紙を書き、「わが国の農村共同体のありうべき運命」に関する二者択一の問題について解答を求めた。

A．ナロードニキの見解によれば、「農村共同体は社会主義の道を発展していける」。

B．他方、「農村共同体とは、歴史が、科学的社会主義が、一言にしていえば、論駁の余地なきこのすべてが死滅すべきものと宣告している、一個の原古的形態」であって、「世界中のすべての国々が資本主義的生産の全局面を経過するという歴史的必然の理論」が存在しており、この理論を主張する者は「あなたの弟子、『マルクス主義者』だと自称」しているというのである。

この段階ではなおナロードニキであったザスーリチがマルクスにAの見解を支持してもらおうと思っていたことは明らかだが、同時にこの手紙は、彼女がそれへの確信を失いつつあったことをも示している。この手紙への解答として書かれたのが「ヴェーラ・ザスーリチあて手紙の草稿」である。

マルクスは草稿および本文のなかでザスーリチの期待どおりAの見解を支持し、それを可能とする条件として①資本主義制度のつくりだした技術的成果と、②欧米諸国における資本主義的生産の「宿命的危

機」の二つを挙げている。このなかで彼は先述した農耕共同体論を展開している。農耕共同体には、「共同性と個人性の二重性」が存在し、この矛盾は、一方では①分解の一源泉として機能するが、他方では②集団的要素が打ち勝つ可能性もある。前者①の場合、農耕共同体は「共同所有に基礎をおく社会から私的所有に基礎をおく社会への移行」の過渡に位置し、この移行にともなって、それは「奴隷制、体僕制にもとづく社会の一系列を包含する第二次的社会成層」における第二次構成の（新しい）共同体に転化する。どちらの道が現実化するか、「すべてはそれがおかれているこの歴史的環境に依存するのである」。

この歴史的環境論がザスーリチの手紙のなかで述べられていたBの「マルクス主義者」の見解、すなわち「歴史的必然の理論」に対する批判として、それに対置されていることは明らかであろう。またロシアと西欧を対比するという草稿全体の問題設定に照らし合わせてみれば、農耕共同体のもつ二つの可能性のうちの前者①において、彼が西欧の歴史を念頭に措き、後者②においてロシアの歴史を念頭に浮かべていたであろうことも疑いない。そして前者①には、自己労働にもとづく私有を否定する本源的蓄積の運動を経て「資本主義的生産の全局面を経過」すべき西欧の運命が、後者②には農村共同体を基礎として社会主義を建設しうるロシアの可能性が対応させられている。

五、『共産党宣言』ロシア語版序文

マルクスがロシアの運命に関するみずからの見解を修正してナロードニキ支持の立場を鮮明にし、ザスーリチへの手紙の草稿でそれに歴史理論的な基礎付けを与えていったのに対して、皮肉なことに、プレハーノフは逆に一八八一年、『共産党宣言』を読んだことがきっかけとなってAからBへと立場を移行させた。プレハーノフは『共産党宣言』をロシア語訳し、マルクスとエンゲルスに対して、ロシア語版に対する新しい序文の執筆を依頼した。序文（一八八二年）はエンゲルスが執筆し、マルクスが署名を加えたものだが、それは次のように締め括られている。

「もしもロシア革命が西欧のプロレタリア革命の合図となるならば、両者がたがいに補いあうならば、現在のロシアの土地共有制は共産主義的発展の出発点となることができる」。

ここでもマルクスとエンゲルスは明らかにナロードニキの見解を支持している。

第二節　ロシアにおけるマルクス主義の抬頭

一八八六年末、『人民の意志通信』にマルクスの「『祖国雑記』編集部あての手紙」が公表された。それはマルクスとロシアにおける代表的なマルクス主義者とみなされるようになっていたプレハーノフとの不一致の印象を与えた。さらにその後の一八九三年、『資本論』のロシア語訳者の一人にして、マルクス、エンゲルスとの長年にわたる文通者であり、ロシアにおいてもっとも権威のある、またもっとも忠実なマルクスの弟子と目されていたダニエリソーンの著作『わが国の改革後の社会経済概観』が現れ、彼はそのなかで「共同体的土地所有は未来の社会的経済の構造物を構築しうる基礎をなす」というナロードニキ的な見解を主張した。この著作は、ロシアにおける共同体の解体と資本主義の必然性を説くようになっていたプレハーノフらのマルクス主義者に大きな打撃を与えた。また同じ年に再びミハイロフスキーが登場し、「文学と生活」と題する評論において、「マルクス自身は、歴史過程の一直線性を『マルクス主義者』ほど確信していなかった」と述べた。このダニエリソーンとミハイロフスキーの論著に対して、マルクス主義者の側から反撃の嵐が巻き起こされ、そのなかでレーニンが登場する。一八九四年はロシアのマルクス主義にとって記念すべき年となった。

一、プレハーノフの弁明

プレハーノフの弁明はこの年の一二月に『史的一元論』という著作となって現れた。彼は「歴史過程の一直線性」について次のように述べている。

生産過程における人々の実際の関係は、生産力の影響と、またある社会をとりまく歴史的環境の影響をうけて、永遠に変化しつつある。それぞれの社会の経済的運動は、それの行われる環境の条件が「独特」であるため、「独特」なかたちをもっている。したがってあらゆる社会の経済的運動の過去を網羅し、将来を予言する、どんな「進歩の公式」もありえないのである、と。

つまりプレハーノフによれば、歴史の必然性は歴史的環境の影響をうけて、さまざまな形態において実現されるというのであり、それは歴史的必然論と歴史的環境論との折衷である。プレハーノフには自分の見解がマルクスやエンゲルスのそれと異なっていることは意識されており、歴史的環境の役割についての一定の評価はマルクスの見解を考慮してのことと思われるが、そうした事情が彼の論理をして不可避的に折衷的なものとする。その意味で、歴史的環境の役割を比較的重視する彼の論理はマルクスとソヴィエト・マルクス主義の仲立ちの役割を果たしたのだが、にもかかわらず、あるいはそれ故に、彼はのちにアジア的生産様式論争の過程では、地理的唯物論の元祖にしたてあげられ、攻撃される。

プレハーノフの論理からすれば、資本主義化はロシアにとっても必然的であり、ただそれは西欧とは異なる独特な形態をとって貫徹するのだ、ということになる。かくして彼は次のような結論を下す。「一八六一年いらいたどってきた資本主義的発展の道を、ロシアがすみやかにすてるだろうと期待させる材料はない。それがすべてである」。

二、レーニンの登場

プレハーノフより一世代若いレーニンは、一八九四年のマルクス主義者の反撃の嵐のなかで、匿名の処女論文『「人民の友」とは何か。そして彼らは社会民主主義者といかにして闘うか（「ロシアの富」誌のマルクス主義批評論文への回答）』をもって登場した。レーニンは『資本論』の根本思想を「経済的社会構成体の発展を自然史的過程と見る」という、先の『資本論』ドイツ語第一版からの引用Aに求め、次のような見解を披露している。

ダーウィンが生物学を科学的基盤の上に据えたのと同じように、マルクスははじめて社会学を科学的な基盤の上に据えた。社会学における科学的方法にほかならない弁証法的方法とは、社会を不断の発展のうちにある生きた有機体として観察することにある。『資本論』が主張しているのは、資本主義的社会組織を説明するということであって、ほかのいかなる社会組織の説明でもないが、もし一つの社会構成体の分析と説明に唯物論を適用することが、これほどすばらしい成果を生んだとすれば、歴史における唯物論は、もはや仮説ではなく、科学的に検証された理論となるのは、全く当然である。またこのような方法がそのほかの社会構成体にも及ぼされなければならないことも、たとえそのほかの社会構成体には、まだ特別の事実的研究と精密な分析が加えられていないにしても、全く当然である。『資本論』が出現してからは、唯物史観は唯一の科学的な歴史観、社会科学と同義語となった。

『人民の友とは何か』には、「原始的共産制的共同体の道徳、奴隷制的道徳、封建的道徳」なる表現がみられるが、一九一九年の講演『国家について』では、「人類史」の大きな時期として、「奴隷制時代・農奴制時代・資本主義時代」があげられ、それは次のようなものとして理解されている。

例外なしにすべての国々における幾千年にわたるすべての人間社会の発展は、その一般的な合法則性、規則性、継起性を示している。はじめに階級のない社会が、原初の家父長制的原始社会があり、ついで奴隷制社会がきた。圧倒的多数の国々で奴隷制は、その発展につれて農奴制に転化した。そして農奴制が資本主義と入れかわった。人類は資本主義に向かって進んできたのであるが、全く遅れたアジアの国々は、いまなお農奴制の支配のもとにある。

スターリンの『弁証法的唯物論と史的唯物論』や、ソヴィエト同盟科学アカデミー経済学研究所の『経済学教科書』の歴史像は、レーニンのこのような率直にして単純明快な見解と比べれば、むしろ控え目なものだが、その系譜がレーニンに連なることは明らかである。レーニンの社会進化論をもってマルクスの『経済学批判』序言の定式を理解し、エンゲルスの『家族・私有財産及び国家の起源』でそれに肉付けを与えることによって「世界史の基本法則」が構想される。ソヴィエト・マルクス主義および日本のマルクス主義は、レーニンの敷いた軌道の上をひたすら走り続けてきた。

第四章

スターリン主義の歴史思考

第一節　アジア的生産様式論争

エンゲルスの氏族制→奴隷制→農奴制の図式にしても、レーニンの家父長制的原始社会→奴隷制社会→農奴制社会の図式にしても、マルクスのいうアジア的生産様式は収まりが悪い。アジア的生産様式を無階級社会のものとみるか、最初の階級社会とみるか、あるいは過渡期とみるか、さらには奴隷制社会のギリシャ・ローマ的形態とは異なるアジア的形態とみるか等々、やかましい議論が生まれ、世界史の五段階説や六段階説が主張された。マルクスは「アジア的形態」という言葉によって、本源的所有＝共同体を代表させることもあれば、その二次的形態たる「アジア的専制主義」における「全般的奴隷制」を指すこともあり、この問題をマルクスの文献解釈によって解決しようとするのはどだい無理である。先述のとおり、マルクスのアジア的生産様式の概念は、進化論的な「世界史の基本法則」のうちに位置付けられるべき性格のものではない。そのことを知るよしもなかったマルクス主義者たちの間で、一九二〇年代後半から三〇年代初頭にかけて、中国革命やアジアの植民地従属国の民族解放運動の進展にも促されつつ、アジア的生産様式論争が起きた。

渡部義通氏の要約によれば、[8]「アジア派」とか「アジア主義者」と呼ばれる、プレハーノフ、マジャール、ヴァルガ等は、アジア的生産様式を東洋社会に独自なものとみなし、その特質を、人工潅漑が耕作の第一前提であり、国家が土地と水の最高の所有者である、という点に求めた。しかし、こうした見解は、社会構造の特質を自然地理的条件に求める「地理的唯物論的偏向」であるとして否定されていった。しかし何故、社会構造の特質を規定するにあたって、自然地理的条件の役割を重視することが誤りなのか。メリキシヴィリの回想によれば、[9]それが誤りである理由として挙げられたのは、「地理的唯物論」においては「人類発展の単一の法則性を否定し、東洋的諸社会の発展の独自の道や、東洋における『永遠的な奴隷制度』あるいは『永遠的な封建制度』の存在を承認するような結果になりかねない」ということである。しかし、東洋社会にその自然条件に規定された特殊性を認めることと、「永遠的な」奴隷制度や封建制度を認めることとの間には何の関係もない。ただ、メリキシヴィリのこの回想によって、「地理的唯物論」の否定にあたっての裁断基準が「人類発展の単一の法則性」の承認如何にあったことが明らかとなる。

日本古代史の研究においては、この論争は特別に重要な意味をもっていた。それが日本におけるマルクス主義史学の成立期に重なっていたからである。渡部氏によると、日本においては、アジア的生産様式を「東洋社会独得の様式と考え、その発生の基盤を何よりも東洋の自然的地理的条件に求めたプレハーノフ＝マジャール的見解の影響は比較的うすかった」[10]。その理由として氏は二つの点を指摘している。「第一に地理的唯物論の紹介に前後して、すでにミフ、ゴーデスなどによるそれへの決定的な批判が伝えられていたからであり、二つには東洋、特に日本歴史を世界史的法則において把えようとする時代の要求が働いていたからである」。この「時代の要求」についての検討は省略せざるをえないが、日本の唯物論史学がアジア的生産様式論争の渦中に出発し、しかも「地理的唯物論」の影響が少なかったことは、ソヴィエト・マルクス主義に対してきわめて無批判である、という性格を刻印することになった。

渡部氏は「地理的唯物論」に対して次のような批判を加えている。もし東洋の社会の特質を規定したものが地理的技術的モメントであるとすれば、東洋にそれだけがもつ独自の法則を認めることになり、「世界史はその発展の普遍的合則的継起性をかき、あるいは自然的地理的諸条件によって規定されるということにならざるをえまい」。それは『経済学批判』序言における「明示的なマルクスの定式」と矛盾し、「史的唯物論の否定を意味する」。渡部氏にとっては「世界史の普遍的合則的継起性」に関するマルクスの「明示的定式」の承認が「史的唯物論」のエッセンスとみなされていた。このような言明のうちには当時のマルクス主義の預言者崇拝的な性格がよく現れている。

アジア的生産様式論争は一九三一年二月のレニングラード討論において一つの画期を迎えるが、それは一方では「アジア派」の主張はトロツキスト的な見解であるという政治的な中傷や、スターリンによる政治的な影響力の行使が行われはじめた時期と合致している。論争は以後活発さを失い、ストルーヴェやミシューリンの提言を通じて、古代東洋社会の奴隷制的構成体説が支配的になった。そして一九三八年に発表された『ソ連邦共産党少史』において「わざわざ一つの章としてふくまれていたスターリンの論文『弁証法的唯物論と史的唯物論』は、奴隷制的構成体の普遍的存在説を主張し、アジア的生産様式については一言も言及しなかった」[11]。

「地理的唯物論」の否定と「人類発展の単一の法則性」、「世界史の普遍的合則的継起性」の主張は、一体何を意味しているのだろうか。第一に、意図からすれば、それは、社会主義社会の全世界的な、しかも等質的な出現の歴史的必然性を解き明かそうとするものである。すなわち目的論的な歴史認識の要求である。第二に、理論的には、それは自然的な制約から解放され、それ自身に内在する矛盾によって自己運動する《社会》を歴史の基体とすることを意味する。「人類発展の単一の法則性」は、このような《社会》概念を前提とすることによってはじめて理論的なものとなりうるし、この前提を確保するためには《社会》を自然的諸条件の制約から可能なかぎり解放する必要があった。ふつうわれわれが「史的唯物論」と呼びならわしている理論体系は、実際には、一九二〇年代以降、ソヴィエトにおいて、このような《社会》概念を基礎とするカテゴリーの整理によって成立した。

第二節　自然を排除した「史的唯物論」

一九五四年に刊行された『経済学教科書』は、「地理的唯物論」の否定によるアジア的生産様式論争の政治的な収拾と、スターリンによる史的唯物論の命題の定式化を直接の前提として、ソヴィエト同盟科学アカデミー経済学研究所を中心とする著者集団によって著わされた。それに先立つ一九五一年には、ソヴィエト同盟共産党中央委員会が主催した経済学討論会が開かれ、これには数百人にのぼるソヴィエトの経済学者が参加し、経済学教科書草案は、あらゆる面について批判的な検討や草案を改善するいろいろな提案を受け[12]、それらにもとづいて初版が刊行された。いうまでもなく、スターリンは『経済学教科書』の刊行に関心をもち、支持を与えていた[13]。

初版は短い期間に売りきれたため、一九五五年には多くの経済学の講座や各地で開かれた経済学者・科学研究者・教師・経済活動家の広範な会議での討論を考慮した上で[14]、増補改訂版（第二版）が刊行された。これらの事実によって、『経済学教科書』の著述と改訂がソ連邦における国家的な事業の一つであり、その内容が国家公認の理論であったことを知りうる。その後「スターリン批判」を経過した一九五八年に改訂第三版、一九六二年に改訂増補第四版が刊行され、いくつかの点で修正がほどこされているが、その点をも考慮しながら、ここでは初版をテキストとして、その序論で基本的カテゴリーがどのように定式化されているのか解説を試みる。

大ざっぱに言って、序論の内容は二つの部分に分かれている。前半では経済学の基本的カテゴリーの規定が与えられており、後半では経済学の性格・対象・方法についての見解がまとめられている。基本的カテゴリーの規定の基礎にあるのは、先に考察したように、アジア的生産様式論争を通じて形成された「自然的な制約から解放され、それ自身に内在する矛盾によって自己運動する社会」というような《社会》概念である。したがって序論における基本的カテゴリーの定式化は、このような《社会》概念の体系化とみなすことができる。

第一に、《社会》の自然的制約からの解放は、《社会》を自然に対する能動的な主体とすることによって果たされる。この自然に対する《社会》の能動性として生産力範疇が定式化される。生産力範疇の定式化をめぐって、アジア的生産様式論争における対立点が理論的に再現される。例えば、教科書に先立ち、一九五〇年、「スターリンの『弁証法的唯物論と史的唯物論について』に忠実に依拠しながら」、ソヴィエト同盟科学アカデミー哲学研究所史的唯物論部で再三の検討の後に、コンスタンチーノフ監修として刊行された『史的唯物論』には、この点について大意次のように記されている。

「しばしば『生産力』という概念に、生産用具と労働力だけでなく、労働対象（原料、資材）までが含められている。しかしこれには根拠がない。問題は、ひとびとが生産過程においてそれに働きかけるところのまわりの自然も、広義における労働対象だということである。それゆえ、生産力のなかに労働対象を含めることは不正確といわねばならない。つまり、それは、生産力の概念のなかに地理的環境の一部分をもちこむことを意味するからである。もちろん、このことから、われわれが労働対象を生産力のなかにいれないことによって、それを計算から除外し、それにたいして生産上の意義を与えない、ということにはけっしてならない。すべての労働対象は、生産用具とともに、生産手段を構成する。生産力とは、物質的財貨の生産のために社会によって利用される自然、対象および自然力にたいする、社会の能動的関係である[15]」。

この文章は生産力の構成要素から労働対象を除外している点に特色があるが、そのことのうちに、ソヴィエト・マルクス主義における生産力範疇がアジア的生産様式論争における「地理的唯物論」との対立のうちで形成されたことが明瞭に示されている。しかし、対立は、理論的な場面に移されているとはいえ、何ら結着がつけられたわけではない。なぜならば、「生産上の意義」をもち、「計算から除外」することができないばかりか、「生産用具とともに生産手段を構成する」労働対象が、一方で生産手段でありながら、他方で生産力の構成要素ではない、と主張するのは、明らかに矛盾だからである。生産力の実現にとって構成要素とならないような生産手段を生産手段と呼ぶことはできない。

『経済学教科書』序論も、スターリン＝コンスタンチーノフの生産力範疇を採用しているために、同じ矛盾に陥っているが、この点を考慮してか「スターリン批判」以後の第三版では、その部分は次のように改められた。

「労働対象と労働手段とが、生産手段を構成する。財貨を生産するのにつかわれる生産手段と、この生産手段をうごかして財貨の生産を行う人間とが、社会の生産力を構成する[16]」。

ここでは生産手段の一部である労働対象が生産力の構成要素として認められている。このように規定すれば先の形容矛盾からのがれることができる。それは生産力の構成要素から労働対象をしめだす従来の見解を修正したことになるであろう。ところが、第四版では、この部分は再び修正され、今度は、生産力を構成する生産手段とは「以前の労働によってつくりだされた生産手段、そのうちでもまず労働用具」であり、「自然によってあたえられて、まだ労働の助けによってわが物とされていない自然資源は、生産力の内容にははいらない[17]」とされている。労働対象のうちで「それ以前の労働によって濾過」されているものは原料だから[18]、ここでは、労働対象のうちで生産手段を構成するのは原料だけであり、「人間の助力なしに、人間の労働の一般的対象として存在する」土地は含まれない、というような裁断が行われている。

こうした動揺を見ることによって、アジア的生産様式論争は、スターリンの圧倒的な政治的影響力によって一見結着がつけられたかのように見えながら、その実、理論的には何ら解決されなかった、ということを知ることができる。この論争の収拾の過程で定式化された生産力範疇、したがってその基礎にある《社会》概念に、さらに次のような定式が付け加えられる。

第一に、歴史の基体とされ、自然に対する主体とされた《社会》の内部構成が生産関係と呼ばれ、《社会》は生産力と生産関係の矛盾、階級闘争によって自己運動の動力を与えられる。「私有にもとづき、人間が人間を搾取することにもとづく社会では、生産力と生産関係との衝突は、階級闘争としてあらわれる」[19]。

その前提には次のような生産関係範疇の定式化がある。「生産関係の性格は、生産手段が、だれの所有となっているか、ということによってきまる。だから、生産関係の基礎は、生産手段の所有の一定の形態である」[20]。

第二に、生産関係は「現実的な土台」として上部構造から区別される。このことによって、《社会》は、基本的には「上部構造」を捨象して考察しうるものとなる。

以上の考察によって明らかなように、ソヴィエト・マルクス主義の歴史・社会理論は、次のような《社会》概念によって、諸カテゴリーを定式化したものである。

(一)《社会》は、自然的諸条件の制約から解放され、自然に対する主体とみなされる。

(二)《社会》は、上部構造を捨象して取り出すことのできる経済構造である。

(三)《社会》は、生産力と生産関係の矛盾、階級闘争によって、自己運動の起動力を与えられる。

(四)そのようなものとして、《社会》は、歴史の基体＝主体である。

この《社会》概念によって、はじめて歴史は経済学的な考察の対象となる。したがって『経済学教科書』序論が提出する「経済学は歴史科学である」という命題は、「歴史学は応用経済学である」という命題に置きかえることができる。かくして、「経済的社会構成が進歩してゆく段階として、アジア的、古代的、封建的、および近代ブルジョア的生産様式をあげることができる」という『経済学批判』序言の命題に一つの解釈が与えられ、それが「人類発展の単一の法則性」、「世界史の普遍的合則的継起性」、「世界史の基本法則」として、唯物論史学＝マルクス主義史学の基本前提＝仮定とされるに至った。

第三節　マルクスとスターリン主義における《社会》概念の相違

『経済学教科書』における基本的カテゴリーは、その多くを『経済学批判』序言の「一般的結論」から借りてきている。そこでまずそれらのカテゴリーがマルクスにおいてはどのような意味をもっていたのかについて概観しておく。

マルクス自身はこの「一般的結論」について、一八四三年から五年にかけてのパリ時代に「わたくしにとってあきらかになり、そしてひとたびこれをえてからは、わたくしの研究にとって導きの糸として役立った一般的結論」だと述べている。「わたくしの研究」とは「近代ブルジョア社会」の解剖の学としての経済学研究であり、歴史の研究ではない。それを「唯物史観の公式」として、歴史一般に対して無差別に適用することから生じる帰結は、「すべての歴史的な区別をなくしてしまい、すべての社会形態のなかにブルジョア的形態をみる経済学者たちのやり方[21]」への後退以外の何ものでもない。

青年期マルクスは、ヘーゲル『法の哲学』の批判的な検討を通じて、「政治的国家という抽象物は一つの現代的産物である[22]」という結論に達していた。政治的国家と市民社会の分離、すなわち「国家としての国家という抽象物」と「私的生活という抽象物」の登場による「市民的制度と国家制度へのすべての要素の二重化[23]」という事態こそが、マルクスにとって近代を特徴付ける根本的な出来事の一つであった。「一般的結論」中の「生産諸関係の総体」としての「経済機構」、「現実の土台」と、その上にそびえたつ「法律的、政治的上部構造」という有名な二分法は、その出来事を建築物との対比において語ったものである。上部構造と現実の土台とを分離して考察しうる、ということこそ、近代を爾余の諸時代から区別する指標であり、「経済機構」が「法律的、政治的上部溝造」から独立して現れるからこそ、経済学にとってまとまりのある対象となる。なお、ハーバーマスによれば、このことが文字通り妥当するのは、近代のうちでも、重商主義、および帝国主義的な時代を除いた自由主義的な時代、それも典型的にはイギリス、北アメリカにおいてだけだ、という。[24]その点を考慮しても、土台や上部構造のカテゴリーを歴史一般に拡張して適用しようとするソヴィエト・マルクス主義の試みが途方もないことは明らかであろう。

政治的国家と市民社会の分離という事態は、一方でマルクスに市民社会の解剖の学としての経済学の研究を促すとともに、他方で「現代国家の成立史」としてのフランス革命の研究を促した。そのころ、彼にはヘーゲルの『法の哲学』がフランス革命を前提としていることが明らかとなり、『法の哲学』の批判的検討の一環として、それが素材としているフランス革命の歴史の研究に着手した。その研究は、フランス革命をアダム・スミスによって解釈するという、ヘーゲルが『法の哲学』で敷いた解釈の軌道の上で行われた。

「一般的結論」中の次の記述は、そうした経緯を念頭に置いて理解されるべきである。

「社会の物質的生産諸力は、その発展がある段階に達すると、いままでそれがそのなかで動いてきた既存の生産諸関係あるいはその法的表現にすぎない所有諸関係と矛盾するようになる。この時社会革命の時期がはじまるのである。経済的基礎の変化につれて、巨大な上部構造全体が、徐々にせよ急激にせよ、くつがえる」。

「生産力の発展」という事実は、フランスの重農主義者によってはじめて注目され、のちにフランス革命の自己理解のための武器として用いられたが、それがマルクスによって産業革命を含む近代の革命の考察に適用された。それはフランス革命や産業革命を含めての近代の革命、近代ブルジョア社会の成立過程、その出現の様相に関してなされた言明である。マルクスの近代社会把握が「フランス革命と産業革命の大規模な総合」[25]と称される所以である。それはけっして歴史全体に妥当する「史的唯物論」の公式ではない。

以上のことを前提として『経済学教科書』の《社会》概念を検討すれば、「マルクスにおいて批判の対象であるものが、スターリン主義においては科学的規範の地位に高められる」[26]という事実がよくわかる。以下、ソヴィエト・マルクス主義が、その科学的規範とする《社会》概念は、マルクスが批判の対象とした近代ブルジョア社会をモデルとして、そこから抽出されたものだ、ということを明らかにする。[27]

ソヴィエト・マルクス主義においては、《社会》は、自然的諸条件の制約から解放され、そのようなものとして、自然に対する主体とみなされているが、そのような《社会》概念は、『経済学哲学草稿』における「資本」のカテゴリーにぴったり照応する。「ライン新聞時代」にマルクスにとって問題として意識されたのは、「自然的、精神的区別をすべてすててしまう」ような抽象物としての私的利害であったが、『経済学哲学草稿』では、それは「完成された私有財産」＝資本として考察されている。資本においては「対象のすべての自然的および社会的な規定性が解消され、私有財産がその自然的および社会的な質を失ってしまっている」。「同一の資本は、多様をきわめた自然的および社会的な現存のなかで同一のままにとどまっており」（一一〇頁）、ほかのすべての存在を捨象する抽象態にまで自由に放任されている。

前近代においては政治と経済とは分離していない。このことはすでに「ヘーゲル国法論の批判」のなかで、「中世においては政治的体制は私的所有の体制であるが、しかしそれは私的所有の体制が政治的体制であるからにすぎない」と述べられていたのに対応する。「中世では農奴、封土、職業団体、学者団体等々が存在した。ということは、中世では所有、交易、社会団体、人間が政治的であるということである。換言すれば、それぞれの私的な圏は一つの政治的圏であり、さらに換言すれば政治はまた私的諸圏の性格でもある」。これに対して「国家としての国家という抽象物は現代にこそはじめて属する。なぜなら私的生活という抽象物が現代にこそはじめて属するからである」。

ソヴィエト・マルクス主義の基本的には上部構造を捨象して取り出すことのできる経済構造としての《社会》の概念が、近代ブルジョア社会をモデルとしていることは明らかであろう。同様に、その上部構造としての「国家」のカテゴリーも、近代に固有な「政治的国家」、「国家としての国家」に対してのみ妥当する。

前近代においては、労働も土地所有も、自然が人間にとって人間との社会的紐帯であるような共同体において実現されるのであり、そこでの人間の相互関係、諸個人間の区別は、経済的であるとともに政治的な意味をもっている。だから階級といっても、それは近代ブルジョア社会におけるそれのように純経済的なものではない。「ブルジョア階級は、支配をにぎるにいたったところでは、封建的な、家父長的な、牧歌的な一切の関係を破壊」し、「人間を血のつながったその長上者に結びつけていた色とりどりの封建的きずなをようしゃなく切断」したのであり、かくして一切の身分的なものは煙のように消えてしまった。[28]生産力と生産関係の矛盾が、純経済的な意味での階級間の闘争として現れ、しかもそれが社会革命に帰結する、というような想定は、やはり、その成立史をも含めて近代ブルジョア社会にのみ妥当する。何故なら「ブルジョア階級は、生産用具を、したがって生産関係を、したがって全社会関係を、絶えず革命していなくては生存しえない」が、「これに反して、古い生産様式を変化させずに保持することが、それ以前のすべての産業階級の第一の生存条件であった」[29]からである。したがって、ソヴィエト・マルクス主義における、生産力と生産関係の矛盾が階級闘争として現れ、それを一義的に自己運動の起動力とするような《社会》の概念は、その成立史である近代の革命を含めて、やはり近代ブルジョア社会の考察から抽象されたものであり、それを無媒介に歴史一般に妥当させるわけにはいかない。

「世界史」もまた近代にのみ固有なものである。『共産党宣言』から引用すれば、資本は地方的、国民的等々の諸規定によってもはや制約されなくなり、したがって世界市民的な、普遍的なエネルギーを展開する。それは諸々の世界を相互に結びつけ、もっとも普遍的な形態をもって世界史的な力となることができる。こうしてブルジョア階級は、すべての生産用具の急速な改良によって、無制限に容易になった交通によって、すべての民族を、どんなに未開な諸民族をも、文明のなかへ引きいれる。一言でいえば、ブルジョア階級は、彼ら自身の姿にかたどって世界を創造する。[30]

前近代と近代を貫く「世界史の普遍的合則的継起性」や「世界史の基本法則」なるものが存在するはずはないし、またその前提である歴史の基体＝主体としての《社会》概念とは、それが自身の姿にかたどって世界を創造する近代ブルジョア社会を原型とするものにほかならない。

最後に、近代ブルジョア社会をモデルとする《社会》を歴史の基体＝主体とすることによって、「社会の発展がどのようにして資本主義の滅亡と共産主義の勝利とをさけられないものとするか」[31]を示そうとするソヴィエト・マルクス主義の性格は、『経済学哲学草稿』中のマルクスのカテゴリーにおいては「粗野な共産主義」に照応する。それは「労働の共同体」、「共同体的資本、すなわち普遍的な資本家としての共同体」を実現しようとするものにすぎない。

「共同体的資本、すなわち普遍的な資本家としての共同体」を生みだす「粗野な共産主義」とは何なのか。それは国家資本主義にほかならないであろう。それは単に比喩的な意味ではない。国家資本主義があからさまに姿を現したのは、第一次世界大戦時のドイツの戦時統制経済であった。ロシア革命後の赤軍に対する補給の体制としての戦時共産主義も一種の戦時統制経済であった。それがスターリン主義の原型となった。対馬忠行氏は言っている。それは国家資本を牛耳る官僚と労働貴族を支配階級とする「新専制主義と徹底国家資本主義の合成物（赤色全体主義）」であり、世界革命を名目とする膨張主義において「赤色帝国主義」である、と。[32]

ナチスの国家社会主義も、スターリン主義ほど徹底していないとはいえ、戦時統制経済に範型をもつ国家資本主義の一種である。イタリアのファシスタ党が戦時共産主義にヒントを得ていた事実も知られている。それは過去の遺物ではない。戦後もいくつかの軍事独裁政権が社会主義を標榜しつつ、戦時統制経済を実施したし、北朝鮮では現在も行われている。マルクスは「粗野な共産主義」を「人間的な解放と回復との、次の歴史的発展にとって必然的な現実的契機」、「もっとも近い将来の必然的形態」と考えたが、その見通しは誤っていた。中国では共産党政権が資本主義的市場経済を速成し、「粗野な共産主義」から「粗野な資本主義」が生みだされつつあるからである。その膨張主義はもはや世界革命を名目とすることすらせず、むき出しの国家利益を動機として行われており、「赤色」ならぬ周回遅れの帝国主義である。

本篇注釈

はじめに

1　以上は、おもにカルロ・アントーニ『歴史主義から社会学へ――近代ヨーロッパ思想の展開』〈讃井鉄男訳、未來社、一九五九年〉、同『歴史主義』〈新井慎一訳、創文社歴史学叢書、一九七三年〉、ダントレーヴ『自然法』〈久保正幡訳、岩波現代叢書、一九五二年〉、トレルチ『歴史主義とその克服』〈大坪重明訳、理想社、一九六八年〉による。

2　カール・ポッパー『歴史主義の貧困――社会科学の方法と実践』〈久野収・市井三郎訳、中央公論社、一九六一年〉

3　アントーニ前掲『歴史主義』一八頁。

4　茅野良男『歴史のみかた』〈紀伊國屋新書、一九六四年、復刻版、一九九四年〉一五七～八頁より引用。

第一篇　ヨーロッパ精神史における歴史思考の歴史

1　ニーチェ「生に対する歴史の利害について」〈『ニーチェ』〈秋山英夫訳、筑摩書房、世界文学大系42、一九六〇年〉

所収）三一一頁。

2 レーヴィット『世界と世界史』（柴田治三郎訳、岩波現代叢書、一九五九年）、同『近世哲学の世界概念』（佐藤明雄訳、未來社、一九七三年）など。

3 オットー・ブルンナー『ヨーロッパ――その歴史と精神』（石井紫郎訳、岩波書店、一九七四年）

4 J・ハーバーマス『理論と実践――社会哲学論集』（細谷貞雄訳、未來社、一九七五年、新装版、一九九九年）の一「古典的政治学――その社会哲学との関係」参照。

5 B・ラッセル『西洋哲学史――古代より現代に至る政治的・社会的諸条件との関連における哲学史』1（市井三郎訳、みすず書房、一九七〇年）の「古代哲学」二〇頁。

6 クローチェ『歴史の理論と歴史』（羽仁五郎訳、岩波文庫、一九五二年）の第二部二「ギリシャ・ローマ的歴史叙述」参照。

7 古代の時間の観念については、ブルトマン『歴史と終末論』（中川秀恭訳、岩波現代叢書、一九五九年）の第二章「キリスト以前の時代における歴史理解」、および大島康正『時代区分の成立根拠』（理想社、一九六七年）の第一章「時代区分の超歴史的根拠」参照。

8 A.G.Collingwood, *The idea of history*, T.M.Knox, 1945, P.22.

9 以下、ユダヤ=キリスト教の終末論的歴史思考については、もっぱらブルトマン前掲『歴史と終末論』による。

10 「使徒パウロのフィリッピ人への手紙」第一章第二一～五節。バルバローデル・コル訳『口語訳旧約新約聖書』（ドン・ボスコ社、一九六四年）三五一頁。

11 以下の記述は、ブルトマン前掲『歴史と終末論』の「西欧の歴史思想」、黒羽茂『新西洋史学史』（吉川弘文館、一九七二年）、アウグスティヌスについては他にベルンハイム『歴史とは何ぞや』（坂口昂・小野鉄二訳、岩波文庫、一九三五年）などによる。

12 中世ヨーロッパにおける古典文化の問題については、ラッセル前掲『西洋哲学史』2の「中世哲学」が詳しい。
13 トマス・アクィナスの政治思想については、ハーバーマス前掲『理論と実践』の一の2「アリストテレス政治学のトマスにおける受容。ポリス的動物から社会的動物へ」、およびクリストファー・ドーソン『中世ヨーロッパ精神史――宗教と西欧文化の興隆』（諏訪幸男訳、創文社歴史学叢書、一九七三年）の第九章「中世都市――コミューンとギルド」参照。
14 トマス・アクィナスの自然法概念については、ボルケナウ『封建的世界像から市民的世界像へ』（水田洋他訳、みすず書房、一九六五年）の第二章「自然法則の概念」参照。
15 以下の記述は、H・バターフィールド「ダンテの宇宙観」（H・バターフィールド他『近代科学の歩み』〈菅井準一訳、岩波新書、一九五六年〉所収）による。
16 J・D・バナール『歴史における科学』（鎮目恭夫訳、みすず書房、一九六六年）一九三頁にみられる。
17 H・ディンケル「コペルニクスと惑星」（前掲『近代科学の歩み』所収）
18 デカルトについては、ボルケナウ前掲『封建的世界像から市民的世界像へ』の第五章「デカルト」、およびレーヴィット『デカルトからニーチェまでの形而上学における――神と人間と世界』（柴田治三郎訳、岩波書店、一九七三年）参照。
19 カントについては、レーヴィット前掲『世界と世界史』、同『神と人間と世界』、およびジャン・ラクロウ『カント哲学』（木田元・渡辺昭造訳、文庫クセジュ499、白水社、一九七一年）による。
20 ヴィーコについては、『ヴィーコ』（清水幾太郎責任編集、中央公論社、世界の名著〈続6〉、一九七五年）、およびアントーニ前掲『歴史主義』の四「人文主義的歴史主義」参照。
21 レーヴィット前掲『世界と世界史』九三頁に引用されている。
22 進歩史観についてはおもに、市井三郎『歴史の進歩とは何か』（岩波新書、一九七一年）参照。

23 以上、進歩史観に関しては、市井前掲『歴史の進歩とは何か』、ブルンナー前掲『ヨーロッパ――その歴史と精神』、J・リッター『ヘーゲルとフランス革命』（出口純夫訳、理想社、一九六六年）などによる。

24 ヘルダーについては、マイネッケ『歴史主義の成立』下（菊盛英夫・麻生建訳、筑摩叢書、一九六八年）の第九章「ヘルダー」、およびアントーニ前掲『歴史主義』の六「ロマン主義的歴史主義」参照。

25 マイネッケ『近代史における国家理性の理念』（菊盛英夫・生松敬三訳、みすず書房、一九七六年）の第三編第一五章「ランケ」参照。

26 ランケ『世界史概観――近世史の諸時代』（鈴木成高・相原信作訳、岩波文庫、一九六一年）三九頁。

27 ランケにおける「理念」の概念については、樺俊雄『歴史における理念』（理想社、一九四〇年）参照。

28 ランケ前掲『世界史概観』四六頁。

29 ランケについては他に、マイネッケ「レオポルト・フォン・ランケ」（前掲『歴史主義の成立』下の付）、G・P・グーチ『近代史学史』上（林健太郎・林孝子訳、吉川弘文館、一九五五年）の第六章「ランケ」参照。

30 以上の記述は、E・H・カー『ナショナリズムの発展』（大窪愿二訳、みすず書房、一九五二年）に依拠した。

31 以上の記述はおもに、G・P・グーチ前掲『近代史学史』上の第七章「ランケの批判者たちと弟子たち」、第八章「プロイセン学派」による。

32 阿部謹也「歴史主義の運命――ヘルマン・ハインペルの歴史研究」（『思想』五九二号〈一九七三年一〇月〉所収）より引用。

33 これらの諸問題については、マンハイム『歴史主義』（徳永恂訳、未來社、一九七〇年）の第一章「静的な考え方と動的な考え方」、およびK・ホイシー『歴史主義の危機』（佐伯守訳、イザラ書房、一九七四年）の第二章「体系的観点における歴史主義の危機」参照。

34 ホイシー前掲『歴史主義の危機』三頁。

35 G・リヒトハイム「歴史主義からマルクス主義ヒューマニズムへ」（小牧治・岩田友彦・川澄英男・鈴木宣雄・村上隆夫訳『マルクスからヘーゲルへ』〈未來社、一九七六年〉所収）一九五頁。
36 ベルンハイム前掲『歴史とは何ぞや』五頁。
37 ポッパー前掲『歴史主義の貧困』一八頁。
38 ベルンハイム前掲『歴史とは何ぞや』三四〜五頁。
39 以上の記述はおもに、アントーニ前掲『歴史主義』の二「イギリスにおける歴史主義の先ぶれ」による。
40 「社会」の概念とフランス革命との関係については、ブルンナー「ヨーロッパ社会史の問題」（ブルンナー前掲『ヨーロッパ――その歴史と精神』所収）を参照。
41 ブルンナー「イデオロギーの時代――その始めと終わり」（同前）参照。
42 ドイツ社会学については、アントーニ前掲『歴史主義から社会学へ』、およびフライヤー『社会学入門』（阿閉吉男訳、角川文庫、一九五五年）参照。
43 以上は、マンハイム前掲『歴史主義』による。
44 その間の経緯については、ブルンナー前掲「イデオロギーの時代」参照。
45 ハーバーマス前掲『理論と実践』の一「古典政治学」参照。
46 マンハイム『イデオロギーとユートピア』（鈴木二郎訳、未來社、一九六八年）の「ユートピア的な意識」参照。
47 マンハイムについては、徳永恂「マンハイムと歴史主義の問題」（マンハイム前掲『歴史主義』に対する解説）を参考とした。
48 ルカーチについては、徳永恂「ゲオルク・ルカーチと歴史主義の問題」（『思想』四〇〇号〈一九五七年一〇月〉所収）、およびリヒトハイム『ルカーチ』（古賀信夫訳、新潮社、一九七三年）参照。
49 樺俊雄『歴史主義』（教育書林、一九五二年）三九頁。

50　これらのことについては、本書第二篇第二章第三節「歴史主義の危機とその概念の変遷」にまとめられている。

51　ヘーゲルの歴史思考については、イポリット『ヘーゲル歴史哲学序説』（渡辺義雄訳、朝日出版社、一九七四年）、同『ヘーゲル精神現象学の生成と構造』（市倉宏祐訳、岩波書店、一九七二～三年）、同『マルクスとヘーゲル』（宇津木正・田口英治訳、法政大学出版局、一九七〇年）、およびレーヴィット前掲『神と人間と世界』のⅥ「ヘーゲル」等参照。

52　マルクス『経済学批判』（武田隆夫・遠藤湘吉・大内力・加藤俊彦訳、岩波文庫、一九五六年）一四頁。

53　西田照美「マルクス主義における終末論的発想」（『思想』五九三号〈一九七三年一一月〉所収）三頁。

54　マルクス前掲『経済学批判』附録一、三三〇～一頁。

55　リヒトハイム『マルクス主義――歴史的・批判的研究』（奥山次良・田村一郎・八木橋貢訳、みすず書房、一九七四年）一二二頁。

56　望月清司『マルクス歴史理論の研究』（岩波書店、一九七三年）五五三頁。

57　以下、マルクス『経済学哲学草稿』（城塚登・田中吉六訳、岩波文庫、一九六四年）とマルクス『経済学ノート』（杉原四郎・重田晃一訳、未來社、一九六二年）を合わせて「パリ草稿」と呼ぶ。

58　広松渉『マルクス主義の成立過程』（至誠堂、一九六八年）、同『マルクス主義の地平』（勁草書房、一九六九年）など。

59　マルクス『経済学批判要綱』（高木幸二郎監訳、大月書店、一九五八～六二年）

60　以上引用は、マルクス前掲『経済学批判要綱』第3分冊、四二二頁。

61　アントーニ前掲『歴史主義』の九「唯物論的歴史主義」

62　E・H・カー『カール・マルクス――その生涯と思想の形成』（石上良平訳、未來社、一九六一年、新版、一九九八年）四一〇頁。

63 モルガン『古代社会』上（青山道夫訳、岩波文庫、一九五八年）二四頁。
64 阪上孝「ドイツ社会民主主義の歴史観」（『講座マルクス主義』7歴史〈日本評論社、一九六九年〉所収）六四頁。
65 リヒトハイム前掲『マルクス主義』の第五部「マルクス主義的社会主義」参照。
66 ダニレフスキーについては、市井前掲『歴史の進歩とは何か』四五～六頁にまとめられている。
67 坂本慶一『マルクス主義とユートピア』（紀伊國屋新書、一九七〇年）九頁。
68 吉本隆明『情況』（河出書房新社、一九七〇年）二九頁。
69 尾藤正英「近世史序説」（『岩波講座日本歴史』9近世1〈朝尾直弘他編、岩波書店、一九七五年〉所収）
70 増田四郎『歴史学概論』（広文社、一九六六年）、同『歴史学入門』（河出文庫、一九五五年）参照。
71 石母田正『歴史と民族の発見——歴史学の課題と方法』（東京大学出版会、一九五二年、平凡社ライブラリー、二〇〇三年）の「歴史学の方法についての感想」のⅡ「二つの歴史意識について」参照。
72 丸山真男『日本の思想』（岩波新書、一九六一年）二一～三頁。
73 竹内良知「世俗化」（『朝日新聞』一九七六年五月一七日夕刊、「日記から」）
74 藤田省三「当事者優位の原理——テロリズムと支配者への抗議」（『維新の精神』〈みすず書房、一九六七年、藤田省三著作集4、一九九七年〉所収）一二〇～一頁。
75 徳永前掲「マンハイムと歴史主義の問題」一五一頁。
76 茅野前掲『歴史のみかた』一五八頁。

1　E・H・カー『ロシア革命の考察』（南塚信吾訳、みすず書房、一九六九年）

2　「ヘーゲル国法論（第二六一節～第三一三節）の批判」（真下信一訳、『マルクス＝エンゲルス全集』第一巻〈大内兵衛・細川嘉六監訳、大月書店、一九五九年〉所収）二六三頁。

3　リッター前掲『ヘーゲルとフランス革命』四九～五〇頁。

4　アントーニ前掲『歴史主義』一七～八頁。

5　E・H・カー『歴史とは何か』（清水幾太郎訳、岩波新書、一九六二年）

6　同前、一三四頁、ただし少し訳文を変えた。

7　同前、二四四～五頁、要約。

8　ポッパー前掲『歴史主義の貧困』一八～九頁。

9　神山四郎「『歴史主義』の意味の混乱」（『史学』三三巻三・四合併号〈一九六一年四月〉所収）

10　ホイシー前掲『歴史主義の危機』一七、二四頁。

11　ポッパー前掲『歴史主義の貧困』一八頁。

12　重田英世「解説にかえて――ヤスパースの歴史論にちなんでの覚え事」（カール・ヤスパース『歴史の起源と目標』〈重田英世訳、理想社、一九六四年〉所収）

13　茅野前掲『歴史のみかた』第五章。

14　ホイシー前掲『歴史主義の危機』九〇頁。

15　以上、カー前掲『歴史とは何か』、ヴェド・メータ『ハエとハエとり壷――現代イギリスの哲学者と歴史家』（河合秀和訳、みすず書房、一九七〇年)、辻清明「E・H・カー教授を訪ねて」(『みすず』一一号〈一九六〇年〉所収)などによる。

16 以上はおもに、アントーニ前掲『歴史主義』、茅野前掲『歴史のみかた』、同「歴史主義」(『哲学雑誌』七五巻七四三号〈一九六〇年〉所収)などによる。

17 ホイシーがいち早く指摘したように、トレルチが一九二〇年にイギリスで行った講演の原稿をトレルチの死後まとめて出版した『歴史主義とその克服』という書物の題名は人々に誤解を与えるものである。この書名はトレルチ自身がつけたものではない。(トレルチ前掲『歴史主義とその克服』「第二版のあとがき」参照)

18 ベルンハイム前掲『歴史とは何ぞや』三四〜五頁。

19 ヤスパース前掲『歴史の起源と目標』

20 晩年のマイネッケの歴史思考については、重田前掲「解説にかえて——ヤスパースの歴史論にちなんでの覚え書き」五六九〜七〇頁。

21 「ヨハネによる聖福音書」第一章第一四節(前掲『口語訳旧約新約聖書』一六一頁)

22 ヤスパース前掲『歴史の起源と目標』二二〜五頁。

23 メルロ・ポンティ『シーニュ』I(竹内芳郎監訳、みすず書房、一九六九年)一一一頁。

24 マルクス前掲『経済学批判』三三八〜九頁。

第三篇 マルクスにおける《社会》と《自然》

1 引用はすべて、マルクス前掲『経済学批判』による。

2 「第六回ライン州議会の議事、一ライン州人、第三論文、木材窃盗取締法にかんする討論」（平井俊彦・細見英訳、前掲『マルクス＝エンゲルス全集』第一巻所収）一四一頁。

3 前掲『マルクス＝エンゲルス全集』第一巻、一三五～七頁。

4 「モーゼル通信員の弁護」（崎山耕作訳、前掲『マルクス＝エンゲルス全集』第一巻所収）二一四頁。

5 前掲『マルクス＝エンゲルス全集』第一巻、二一九頁。

6 同前、二六三頁。

7 同前、二六六頁。

8 『独仏年誌』からの手紙、マルクスからルーゲへ、クロイツナハ、一八四三年九月」（花田圭介訳、前掲『マルクス＝エンゲルス全集』第一巻所収）三八一頁。

9 この点については、リッター前掲『ヘーゲルとフランス革命』、およびイポリット前掲『マルクスとヘーゲル』を参照。

10 この点については、マルクス前掲『経済学ノート』の「訳者解説」一六〇～一頁を参照。

11 以上、引用は前掲「『独仏年誌』からの手紙」

12 この点については、とくにリッター前掲『ヘーゲルとフランス革命』が詳しく論じている。

13 「ブルジョア的法治国家についてのマルクスの把握は、この法治国家が自由主義的に自己理解をしていた仕方と、少しもちがわないのである。」（ハーバーマス前掲『理論と実践』一〇八頁）

14 「マルクス自身は、それと自覚せずにこの伝統（＝フランス革命の自己理解の根底にあったところの政治的社会の理念、国家と社会とを包括する組織の理念…引用者）を承けており、そして新しい内容を含ませながら、その革命概念を引きついでいる。」（ハーバーマス前掲『理論と実践』一一二頁）

15 マルクス前掲『経済学哲学草稿』一六〇～一頁。

16 この点については、とくにリッター前掲『ヘーゲルとフランス革命』参照。
17 マルクス前掲『経済学哲学草稿』一二二頁。
18 同前、一三頁。
19 以下の引用はとくにことわらないかぎり、マルクス前掲『経済学哲学草稿』第一草稿〔四〕「疎外された労働」八四〜六頁による。
20 同前、八四〜一〇六頁による。
21 以下の引用はとくにことわらないかぎり、「ミル評注」（マルクス前掲『経済学ノート』所収）による。但し、訳者の指示に従って「精神」は「享受」と直した。
22 以下の引用はとくにことわらないかぎり、マルクス前掲『経済学哲学草稿』第三草稿〔二〕「私有財産と共産主義」一二六〜四八頁による。
23 マルクス『資本論』（一）（エンゲルス編、向坂逸郎訳、岩波文庫、一九六九年）
24 マルクス前掲『経済学哲学草稿』
25 マルクス・エンゲルス『ドイツ・イデオロギー』（古在由重訳、岩波文庫、一九五六年）
26 エンゲルス『自然の弁証法』（田辺振太郎訳、岩波文庫、一九五六年）
27 望月清司「『ドイツ・イデオロギー』における分業の論理」（望月前掲『マルクス歴史理論の研究』所収）
28 スターリン「マルクス主義と言語学の諸問題」（スターリン『弁証法的唯物論と史的唯物論』〈石堂清倫訳、大月書店、国民文庫、一九五四年〉所収）。ただし要約。
29 （ ）内はマルクスの欄外書込み。マルクス・エンゲルス『ドイツ・イデオロギー』（広松捗編訳、河出書房新社、一九七四年、新編輯版、二〇〇六年）による。これをEとする。
30 デシーア・ステラー『動物の行動』（日高敏隆・小原嘉明訳、岩波書店、一九七三年）。これをFとする。

31 マルクスの挿入。Eによる。
32 とくにことわらないかぎり、以下の引用はDによる。
33 ソ連邦科学院経済学研究所『経済学教科書』第四版（経済学教科書刊行会訳、合同出版、一九六三年）第一分冊より引用。
34 「創世の書」第二章第一九節。前掲『口語訳旧約新約聖書』七頁。
35 「事物は判断である」（ヘーゲル『エンチュクロペディー』〈樫山欽四郎・塩屋竹男・川原栄峰訳、河出書房新社、一九八七年〉）
36 リッター前掲『ヘーゲルとフランス革命』参照。
37 ヤスパース前掲『歴史の起源と目標』二〇一頁より引用。
38 カー前掲『ロシア革命の考察』一三頁より引用。

第四篇 ソヴィエト・マルクス主義の歴史思考

1 前掲『マルクス＝エンゲルス全集』第一巻、二六三頁。
2 マルクス『資本論に関する手紙』上（岡崎次郎訳、大月書店、国民文庫、一九五九年）一八四頁、二二二頁。
3 マルクス・エンゲルス『ドイツ・イデオロギー』（花崎皋平訳、合同新書、一九六六年）三四頁。
4 エンゲルス『家族・私有財産及び国家の起源』（西雅雄訳、岩波文庫、一九二九年）一一頁。
5 モルガン前掲『古代社会』
6 マルクス前掲『資本論に関する手紙』

7 以下、和田春樹『マルクス・エンゲルスと革命ロシア』〈勁草書房、一九七五年〉による。
8 渡部義通「日本古代社会の世界史的系列——アジア的生産様式論」〈『歴史科学大系』第一巻〈校倉書房、一九七二年〉所収〉
9 メリキシヴィリ「最古の階級諸社会の性格にかんする問題によせて」〈『アジア的生産様式論争の復活——世界史の基本法則の再検討』〈福富正実編訳、未來社、一九六九年〉所収〉二九四頁。
10 渡部前掲「日本古代社会の世界史的系列」
11 引用は、福富正実『共同体論争と所有の原理』〈未來社、一九七〇年〉三二八頁による。
12 ソ同盟科学院経済学研究所『経済学教科書』初版〈マルクス・レーニン主義普及協会訳、合同新書、一九五五年〉第一分冊「まえがき」一頁。
13 「経済学教科書草案を改善する方法」〈『ソ同盟における社会主義の経済的諸問題』〈大月書店、国民文庫、一九五三年〉所収〉
14 ソ同盟科学院経済学研究所『経済学教科書』第二版〈マルクス・レーニン主義研究所訳、合同新書、一九五七年〉第一分冊「まえがき」三頁。
15 コンスタンチーノフ監修『史的唯物論』上巻〈ソヴェト研究者協会訳、大月書店、一九五一年〉一〇九頁。
16 ソ連邦科学院経済学研究所『経済学教科書』第三版〈経済学教科書刊行会訳、合同新書、一九五九年〉第一分冊、八〜九頁。
17 ソ連邦科学院経済研究所前掲『経済学教科書』第四版、第一分冊、一〇〜一一頁。
18 マルクス『資本論』第一部〈長谷部文雄訳、河出書房新社、世界の大思想18、一九六四年〉一五一頁。
19 前掲『経済学教科書』初版、八頁。
20 同前、六頁。

21　マルクス前掲『経済学批判』三二〇頁。
22　マルクス前掲「ヘーゲル国法論の批判」二六三頁。
23　マルクス・エンゲルス『ドイツ・イデオロギー』補録（真下信一訳、大月書店、国民文庫、一九六八年）一五五頁。
24　ハーバーマス前掲『理論と実践』一〇八頁。
25　カー前掲『ロシア革命の考察』一三頁。
26　アルフレート・シュミット『マルクスの自然概念』（元浜清海訳、法政大学出版局、一九七二年）二二二頁。
27　以下の引用はとくにことわらないかぎり、マルクス前掲『経済学哲学草稿』による。
28　マルクス・エンゲルス『共産党宣言』（大内兵衛・向坂逸郎訳、岩波文庫、一九五一年）四二〜三頁。
29　同前、四三頁。
30　同前、四五頁。
31　前掲『経済学教科書』初版、第一分冊、一二頁。
32　対馬忠行『スターリン主義の批判――マルクスの社会主義社会論』（青山書院、一九五二年）一三八頁。

あとがき

父親が早く死んだため、浪人せずに国立大学に入るのが私にとって進学の絶対条件だった。首尾よく東京教育大学に合格したのち、入学祝いとして一〇万円もらった。私はそのカネをもって秋葉原へ行き、テープ・レコーダーを二台買った。大学が始まるとすぐ演劇研究会というサークルに入った。私はそこで趣味と特技と、それに自慢の機械を活かして音響効果を担当することになった。容貌や演技には自信が無かったから、そのうち演出を手がけ、ゆくゆくは脚本を書いてみたかった。

入部してまもなく学園祭での公演の準備が始まった。ところが、そのサークルは実はトロツキストの団体の牙城であった。公演が終わるとそのことはすぐにあからさまになった。私はオルグされるままその団体の活動に参加した。その団体の主張が正しいという積極的な確信によるというよりは、反論できない以上、相手のいうことが正しいと思ったからだ。しかし、いくら演説を聞いても、結局のところ、よくわからなかった。半年ほど行動をともにしたのち、ある雪の降る日にその団体から離れた。自分に起きたことが何だったのか、それを知るために、しばらくの間、家に閉じこもって本を読み漁った。その結果、新左翼のもう一つの潮流である構造改革派の運動に参加するようになり、今度は三年行動をともにしてやめた。

運動の高揚期には隠れていた違和感が運動の退潮とともに膨れ上がり、わけがわからなくなってしまったのだ。再び家に閉じこもって本を読み漁る日々が続いた。

高校・大学を通じての一年後輩にWという男性がいた。赤軍派に行ったとか行かないとかいう噂は聞いていたが、確かなことは知らなかった。ある日、友人からの電話で自殺したことを知った。物理学科の学生らしく、体に電気コードを巻き、タイマーをセットして。通夜の席で浄土真宗の僧侶の物悲しい祈禱を聞きながら、「間違っている」という思いが募った。

演劇研究会の一年後輩にNという女性がいた。Nも私と同じようにトロキストの団体にオルグされ、その運動に参加するようになったが、私と違って、最後までその団体から離れなかった。ある日の新聞にNの名前が出ていた。勤務先の駐車場で対立する党派の活動家に鉄パイプで殴打され、殺害された、という記事だった。「間違っている」という思いはますます募った。私にできることは観念の世界で孤独な闘いを続けることだけだったが、私には、それはWやNへの弔い合戦のような気がしていた。そういうとカッコよく聞こえるかもしれないが、実際は崩れ落ちそうになる精神を立て直すためのあがきのようなものでもあった。

通常、そのような観念の世界での孤独な闘いが世に出ることはないだろう。ところが、意外なかたちでそれが陽の目を見ることになった。ろくに授業にも出ず、単位を取るためだけに提出したレポートが小林一美先生のお目にとまり、発表の機会を得たのだ。「常軌を逸したところがおもしろい」というのが先生の感想だった。小林先生だけではなく、情緒不安定で、どこからみても秩序壊乱分子にしかみえなかったであろう当時の私を排除することなく、迎え入れてくださった東京教育大学前近代史研究会の高田実先生、東京都立大学の峰岸純夫先生の寛容と励ましがなかったならば、私の孤独な闘いは埋もれたままだっただろう。

本書の元になった原稿を執筆順に記すと次のとおり。

「マルクス主義歴史理論の再検討――マルクスの〈社会〉概念とソヴィエト・マルクス主義のそれとの相違をめぐって」（『前近代史研究』一号〈前近代史研究会、一九七四年九月〉所収）

「歴史主義の克服から歴史の克服へ」（『歴史学の再建に向けて』二号〈濃美社、一九七五年九月〉所収）

「歴史主義の成立――ヨーロッパ精神史における歴史思考の歴史、及びその宗教的基礎について」（同前三・四号〈一九七六年一二月、一九七九年一二月〉所収）

「世界史の基本法則とアジア的生産様式論――歴史的必然と歴史的環境」（東京都立大学人文科学研究科史学専攻ゼミでのレポート〈一九七九年〉）

「労働論の再検討――マルクス・エンゲルスの創世記」（前掲『歴史学の再建に向けて』五号〈一九八〇年一一月〉所収）

「歴史主義とマルクス主義」（『東アジア世界史探究』〈汲古書院、一九八六年〉所収）

これらの原稿を書くことによって、私は自分の第一の人生を終わらせることができた。それは青年時代の自分への挽歌であり、WやNをはじめ、この世に生きた証を残すこともできず、若い命を落とした同世代の人々への鎮魂歌でもあった。第一の人生から見れば、一小市民としての第二の人生は余生のようなものだった。

そういうわけだから、これらの原稿を広く世に問おうというような気持ちはなかった。しかし、もう一方で、六〇年安保世代が新左翼運動を生みだしたのに、その崩壊を経験した私たちの世代はなにも生みださなかった、という忸怩たる思いもあった。新しい価値は生みだせなくとも、崩壊の体験を徹底的に理論化することは必要なのではないか、私の行った思索はその一部となることができる、という気持ちもあった。

一九八九年にはこれらの原稿を一冊の本にまとめようかと思ったことがある。この年には天安門事件やベルリンの壁の崩壊に象徴される社会主義圏の崩壊が起きた。フランス革命から二〇〇年に当たる年でもあった。新左翼がどうのこうのというよりも、もっと突き抜けて、近代のヨーロッパ思想を根本的に問い直す機会が訪れたと思われた。それに、社会主義圏の崩壊によって、その生みの親であるマルクスについても、信仰の対象でも非難の対象でもなく、ほかの多くの偉大な思想家に対するのと同じ距離感をもって論ずることが可能になったとも思われた。若き日の私の観念の世界での格闘はそのために役立つだろう。そう思って、社会主義圏崩壊に関する本を読み漁った。しかし第二の人生の繁忙期にあった私には、その結果をまとめるだけの時間的余裕がなかった。第二の人生も終わりに近づいた今、過去の原稿をまとめ直し、推敲を重ねる時間をもつことができるようになった。その結果が本書である。

末尾ながら、商業出版にはなじまない本書の価値を認めて、リスクを覚悟で刊行を決断してくださった明石書店の石井昭男顧問と大江道雅社長、編集の労をとられた神野斉編集部部長はじめ関係の皆さまに篤く感謝いたします。

二〇一八年八月

[著者略歴]

斎藤 多喜夫（さいとう たきお）

1947 年生まれ。横浜開港資料館・横浜都市発展記念館元調査研究員。専攻は日欧文化交渉史。主な著書・論文は、「歴史主義とマルクス主義」、滕維藻・奥崎裕司・王仲犖・小林一美編『東アジア世界史探究』（汲古書院、1986 年）。『幕末明治　横浜写真館物語』（吉川弘文館、2004 年）。『横浜外国人墓地に眠る人々』（有隣堂、2012 年）、『幕末・明治の横浜　西洋文化事始め』（明石書店、2017 年）。『横浜もののはじめ物語』（有隣堂、2017 年）

歴史主義とマルクス主義
——歴史と神・人・自然

2018 年 8 月 31 日　初版 第 1 刷発行

著　者　斎　藤　多喜夫
発行者　大　江　道　雅
発行所　株式会社 明石書店
〒 101-0021 東京都千代田区外神田 6-9-5
電話 03（5818）1171
FAX 03（5818）1174
振替　00100-7-24505
http://www.akashi.co.jp/

進　行　寺澤正好
組　版　デルタネットデザイン
装　丁　明石書店デザイン室
印　刷　株式会社文化カラー印刷
製　本　本間製本株式会社

（定価はカバーに表示してあります）　ISBN978-4-7503-4719-6

歴史の周辺にて「サバルタンノート」注解
グラムシ『獄中ノート』著作集Ⅶ
アントニオ・グラムシ著　松田博編訳
◎2500円

知識人とヘゲモニー「知識人論ノート」注解
イタリア知識人史・文化史についての覚書
グラムシ『獄中ノート』著作集Ⅲ
アントニオ・グラムシ著　松田博編訳
◎2600円

マルクスと日本人
社会運動からみた戦後日本論
佐藤優、山﨑耕一郎著
◎1400円

資本論と社会主義、そして現代
資本論150年とロシア革命100年
現代社会問題研究会編
◎2200円

ヨーロッパ的普遍主義
近代世界システムにおける構造的暴力と権力の修辞学
イマニュエル・ウォーラーステイン著　山下範久訳
◎2200円

正義のアイデア
アマルティア・セン著　池本幸生訳
◎3800円

アルフレッド・シュッツ
他者と日常生活世界の意味を問い続けた「知の巨人」
ヘルムート・R・ワーグナー著
佐藤嘉一監訳　森重拓三、中村正訳
◎4500円

宗教哲学論考
ウィトゲンシュタイン・脳科学・シュッツ
星川啓慈著
◎3200円

「新」実存主義の思想
全体主義に打ち克つ新たな哲学
川本兼著
◎2400円

福岡伸一、西田哲学を読む
生命をめぐる思索の旅
動的平衡と絶対矛盾的自己同一
池田善昭、福岡伸一著
◎1800円

西田幾多郎の実在論
AI、アンドロイドはなぜ人間を超えられないのか
池田善昭著
◎1800円

賢者の惑星
世界の哲学者百科
JUL絵　シャルル・ペパン文　平野暁人訳
◎2700円

大惨事《カタストロフィー》と終末論
「危機の預言」を超えて
レジス・ドブレ著　西兼志訳
◎2600円

世代問題の再燃
ハイデガー、アーレントとともに哲学する
森一郎著
◎3700円

〈つながり〉の現代思想
社会的紐帯をめぐる哲学・政治・精神分析
松本卓也、山本圭編著
◎2800円

ドローンの哲学
遠隔テクノロジーと〈無人化〉する戦争
グレゴワール・シャマユー著　渡名喜庸哲訳
◎2400円

〈価格は本体価格です〉

幕末・明治の横浜 西洋文化事始め

斎藤多喜夫［著］

◎A5判／上製／388頁　◎2,800円

幕末・明治初期における横浜への西洋文化の移転に関して、外国人による居留地への移植に重点を置いて描く。「横浜もののはじめ」として論じられてきた、大半が日本初の文化移転について、新しく発見された史料や事実も交え詳述する、本テーマの決定版。

【内容構成】

〈価格は本体価格です〉